# Régalade
### entre
# amis

# Régalade
## entre amis

Bruno Doucet
Chef du restaurant
*La Régalade* (Paris)

Photographies de David Japy

LAROUSSE

21 rue du Montparnasse 75283 Paris Cedex 06

« Pour toi, Jacques, mon ami qui nous a quitté
brutalement et bien trop tôt…
Ce livre est pour toi. »
**Bruno Doucet**

« À mon père, qui m'a transmis
son amour de la cuisine. »
**David Japy**

« Le moteur de ce métier, on le sait depuis longtemps, c'est l'envie... L'envie de connaître, de comprendre, d'inventer, de gérer, de goûter, de risquer, de se hisser et de travailler sans cesse ; c'est un fait.

Dans une brigade, on comprend vite qui a envie ; avec Bruno c'était l'évidence. Mais l'envie sans se donner les moyens et sans talent ne conduit pas loin. Bruno s'est engagé à fond, avec la passion et la foi qui font les grands cuisiniers. Il l'est déjà aujourd'hui et sans doute plus encore demain.

*Bon vent Bruno !*

Que le dieu des cuisiniers veille sur toi... »

*Apicius*
JEAN-PIERRE VIGATO

# Carte des recettes

## Entrées

- Rouleaux de printemps à la moutarde douce 10
- Club-sandwichs de tarama et de concombre pour Camille 12
- Samoussas aux tomates séchées, Kiri® et basilic 14
- Mon poireau vinaigrette 16
- Assiettes de tomates cerises au parmesan 18
- Grosses asperges vertes de Pertuis cuites à la minute, vinaigrette aux herbes fraîches 20
- Soupe glacée de tomate au piment d'Espelette et fromage de chèvre frais à l'huile d'olive 22
- Soupe crémeuse de potimarron, lardons de foie gras en brochette 24
- Foie gras de canard rôti, maïs servi froid 26
- Pressé de tête et de pied de cochon, sauce ravigote 28
- Terrine de campagne de La Régalade 30
- Terrine de gibier de La Régalade 32
- Brouillade d'œufs de poule, tomates et pesto de basilic 34
- Brouillade d'œufs de poule à la truffe noire 36
- Tarte fine croustillante comme une pissaladière, petits maquereaux et parmesan 38
- Carpaccio de thon rouge et de dorade grise sauvage, gingembre confit et parmesan 40
- Mi-cru mi-cuit de thon rouge au piment d'Espelette, salade d'herbes et pesto de basilic 42
- Tartare de saumon et de dorade aux huîtres et à la ciboulette 44
- Praires de Bretagne, beurre d'herbes aux noisettes et au parmesan 46
- Coquilles Saint-Jacques de Bretagne rôties en coques, jambon d'Espagne et ciboulette 48

## Plats

- Spaghettinis aux langoustines et aux palourdes, bouillon de coquillages à l'huile d'olive 52
- Petite marmite de coquilles Saint-Jacques à la dieppoise 54
- Homard breton rôti de la tête à la queue 56
- Brandade légère de morue, petite salade d'artichaut à la truffe noire 58
- Thon rouge de Méditerranée servi bleu, oignons nouveaux et fenouil aux olives de Nice 60
- Boulangère de blanc de cabillaud au jambon d'Espagne 62
- Pavés de saumon mi-cuits au chou vert braisé 64
- Papillotes de poissons aux tomates et au basilic 66
- Filets de merlan panés pour Camille 68
- Tournedos de lieu jaune au lard croustillant, servi en cocotte 70
- Mon tartare de bœuf au couteau 72
- Mes tomates farcies au bœuf miroton 74
- Joues de bœuf braisées comme un bourguignon 76
- Lasagnes de La Régalade 78
- Hachis Parmentier façon Apicius 80
- Carré de veau de Corrèze cuisiné à la marjolaine 82

- Paleron de veau de Corrèze braisé à la tomate et au basilic 84
- Foie de veau de Corrèze épais piqué à la sauge 86
- Poitrine de veau confite et laquée, légumes de printemps 88
- Ris de veau de Corrèze rôtis au beurre demi-sel et girolles au jus 90
- Civet de sanglier de ma grand-mère Andrée 92
- Échine de cochon fermier rôtie à la sauge et cocos de Paimpol 94
- Poitrine de cochon fermier caramélisée, purée de pomme de terre à la moutarde de Meaux 96
- Mes endives au jambon 98
- Côte de cochon fermier épaisse cuisinée pour deux personnes 100
- Tartiflette du dimanche soir, salade de chicorée aillée et jambon cru 102
- Épaule d'agneau de Lozère confite, servie en lasagnes 104
- Carrés d'agneau au pesto de persil plat 106
- Suprêmes de volaille jaune des Landes au foie gras et aux girolles 108
- Risotto de champignons, ailerons de volaille caramélisés 110

## Fromages et desserts

- Coulommiers aux noix fraîches et aux fruits secs 114
- Tourte feuilletée de fourme d'Ambert aux oignons confits 116
- Riz cuit au lait à la vanille 118
- Petits pots de crème à la vanille de mon enfance 120
- Perles du Japon au lait de coco et à la vanille, mangue et fruits de la Passion 122
- Fraîcheurs de fraise et de rhubarbe, fromage blanc battu à la vanille 124
- Nage de pamplemousse rose et de framboises au champagne 126
- Poêlée de framboises aux pistaches 128
- Quenelles de chocolat amer à l'orange, crème anglaise au thé Earl Grey 130
- Trois mousses au chocolat 132
- Mon moelleux au chocolat 134
- Soufflés chauds Grand Marnier® 136
- Mille-feuille comme à la maison 138
- Gâteau de la maman de Camille 140
- Gâteau au vin blanc de ma maman 142
- Tarte fine aux pommes caramélisées et au beurre demi-sel 144
- Vol-au-vent de fruits rouges 146
- Tarte aux figues et aux noix 148
- Tarte Tatin de Maryon 150
- Ma tarte aux abricots 152
- Clafoutis aux prunes de Maria 154
- Crumble aux pommes reines des reinettes et aux poires 156
- Panier de madeleines de La Régalade 158

# Entrées

*Cette recette est un clin d'œil au rouleau de printemps asiatique. Elle est très facile à faire avec des enfants lors d'un atelier cuisine le mercredi après-midi.*

# Rouleaux de printemps à la moutarde douce

**POUR 4 PERSONNES**
**PRÉPARATION** : 20 min
**CUISSON** : 5 min environ

- 3 suprêmes de volaille
- 1 botte de coriandre
- 30 g de cacahuètes
- 2 cuill. à soupe de moutarde douce
- 15 g de curry jaune en poudre
- 250 g de germes de soja frais
- 6 feuilles de pâte de riz
- sel et poivre du moulin

Salez et poivrez les suprêmes de volaille, puis mettez-les à cuire 5 ou 6 minutes dans un cuit-vapeur.

Lavez, puis ciselez la coriandre. Hachez les cacahuètes. Dans un saladier, mélangez la moutarde, la poudre de curry, la moitié de la coriandre ciselée et les cacahuètes hachées. Coupez le poulet en lanières de 4 ou 5 mm d'épaisseur, déposez celles-ci dans le saladier, puis enrobez-les de sauce. Ajoutez les germes de soja et mélangez. Rectifiez l'assaisonnement.

Dans une casserole du même diamètre qu'une feuille de pâte de riz, faites bouillir de l'eau. Préparez un torchon mouillé et essoré sur le plan de travail.

Assemblez les rouleaux de printemps. Prenez une feuille de pâte de riz, trempez-la dans l'eau bouillante pour la ramollir, puis déposez-la sur le torchon humide. Au centre du disque, disposez le poulet et le soja assaisonnés en leur donnant la forme d'un boudin. Repliez la feuille aux extrêmités du boudin, puis roulez-la dans la longueur en serrant légèrement. Enveloppez le rouleau obtenu d'un film alimentaire et conservez-le au réfrigérateur. Procédez de la même manière avec les 5 autres feuilles de pâte de riz et le reste des ingrédients.

Au moment de servir, retirez les films et coupez les rouleaux en deux, en biseau. Servez-les parsemés du reste de coriandre.

> **Conseil pratique**
Vous pouvez vous procurer des feuilles de riz chez le traiteur chinois.

> **Suggestion du chef**
Vous pouvez très facilement diversifier les ingrédients du rouleau au gré de votre imagination et des ingrédients à votre disposition.

*J'aime bien partager ces club-sandwichs à l'apéro le samedi soir, acompagnés d'un verre de vrai jus de pomme pour Camille et les enfants, et d'un autre additionné d'un trait de vodka russe pour papa et ses amis.*

# Club-sandwichs de tarama et de concombre pour Camille

**POUR 4 PERSONNES**
**PRÉPARATION : 20 min**

- 6 blinis bien moelleux
- 2 tranches de saumon fumé de 60 g chacune
- 1/2 concombre
- 1/2 botte d'aneth
- 240 g de tarama grec
- 100 g d'œufs de saumon
- 16 tomates cerises
- sel et poivre du moulin

Dédoublez les blinis en les coupant dans l'épaisseur.

Taillez une tranche de saumon fumé et la moitié du demi-concombre en petits morceaux. Salez et poivrez. Coupez l'autre tranche de saumon fumé en lanières de 5 mm de large et émincez le reste de concombre en rondelles de 2 mm d'épaisseur. Lavez et hachez l'aneth, puis mélangez-le avec le tarama et les dés de saumon fumé et de concombre, à l'aide d'une spatule en bois.

Assemblez les clubs-sandwichs. Recouvrez généreusement un blini de tarama composé. Déposez des œufs de saumon, quelques rondelles de concombre et des lanières de saumon fumé, puis recouvrez d'un deuxième blini. Procédez de la même manière pour obtenir un deuxième étage en finissant par un troisième blini. Constituez les 3 autres sandwichs avec le reste des ingrédients.

Disposez les club-sandwichs dans un plat de service, pressez-les légèrement, puis coupez-les en quatre. Chapeautez chaque part d'une tomate cerise. Saisissez à l'aide de piques en bois.

*Cette recette est très appréciée des enfants en plat de résistance, mais elle convient aussi aux adultes, à l'heure de l'apéritif.*

# Samoussas aux tomates séchées, Kiri® et basilic

**POUR 4 PERSONNES**
**PRÉPARATION :** 30 min
**CUISSON :** 20 min environ

- 12 feuilles de brick
- 12 pétales de tomates séchées
- 12 portions de fromage Kiri
- 1 botte de basilic
- 15 g de beurre
- 40 g de vieux parmesan râpé
- 3 cuill. à soupe de bonne huile d'olive
- sel et poivre du moulin

Égouttez les tomates séchées, déballez les portions de fromage Kiri, puis lavez et effeuillez le basilic. Faites fondre le beurre doucement.

Préparez les samoussas. Pliez une feuille de brick en deux, puis repliez la partie arrondie sur elle-même pour obtenir un rectangle. À l'aide d'un pinceau, badigeonnez légèrement la pâte de beurre fondu, puis, à l'une de ses extrémités, déposez 1 portion de fromage Kiri, 1 pétale de tomate séchée, 1 feuille de basilic et un peu de parmesan râpé. Arrosez d'un filet d'huile d'olive, salez et poivrez, puis repliez la feuille de brick jusqu'à obtenir un triangle. Beurrez le samoussa obtenu au pinceau. Répétez l'opération avec les 11 autres feuilles de brick et le reste des ingrédients.

Dans une poêle antiadhésive, faites chauffer 2 cuillerées à soupe d'huile d'olive, puis mettez les samoussas à dorer quatre par quatre, 3 ou 4 minutes sur chaque face, pour permettre aux fromages de fondre à l'intérieur. Égouttez-les sur du papier absorbant et servez-les très chauds.

> **Suggestion du chef**
Vous profiterez pleinement des saveurs de ces samoussas en les accompagnant d'un verre de blanc italien très frais.

*Utilisez des poireaux cuits dans un pot-au-feu, ou bien, tout simplement, cuits dans de l'eau salée aromatisée d'un cube de bouillon de volaille.*

# Mon poireau vinaigrette

**POUR 4 PERSONNES**
**PRÉPARATION :** 30 min
**CUISSON :** de 35 à 45 min

- 6 beaux poireaux
- 15 cl de vinaigre d'alcool
- 4 œufs frais
- 60 g de parmesan râpé
- 1 petite betterave rouge crue
- 1 botte de ciboulette
- 1 échalote
- 20 cl de vinaigre de vin
- 1 cuill. à café de moutarde
- 15 cl d'huile d'olive
- 15 cl d'huile d'arachide
- truffe noire (facultatif)
- fleur de sel de Guérande
- poivre du moulin

Coupez la base des poireaux, puis la partie la plus verte. Faites-les tremper dans de l'eau tiède. Ficelez-les ensemble, puis mettez-les à cuire de 20 à 30 minutes dans une casserole d'eau bouillante salée.

Dans un sautoir, faites bouillir de l'eau, puis ajoutez le vinaigre d'alcool. Cassez-y les œufs un par un et faites-les pocher 3 ou 4 minutes. Retirez-les à l'aide d'une écumoire, puis mettez-les dans de l'eau glacée pour stopper la cuisson. Laissez-les refroidir, puis égouttez-les sur un linge.

Préparez les tuiles de parmesan. Faites chauffer une poêle antiadhésive, puis, hors du feu, étalez le parmesan de façon à former 4 petits disques. Reposez sur le feu et laissez cuire doucement 2 minutes. Retirez à nouveau la poêle du feu, laissez refroidir 1 minute, puis, à l'aide d'une petite spatule, décollez les tuiles et déposez-les sur le plan de travail pour les faire durcir légèrement.

Égouttez les poireaux et laissez-les refroidir environ 10 minutes. Pressez-les légèrement pour en extraire l'excédent d'eau.

Épluchez et râpez finement la betterave rouge, puis trempez-la dans de l'eau glacée et égouttez-la. Lavez et coupez la ciboulette en tronçons, puis mélangez-la à la betterave.

Préparez la vinaigrette. Épluchez et émincez l'échalote. Mélangez le vinaigre de vin, la moutarde, du sel et du poivre, puis incorporez les huiles. Ajoutez l'échalote et émulsionnez bien le tout.

Coupez chaque poireau en 4 tronçons égaux, puis disposez 6 tronçons par assiette. Assaisonnez d'une pincée de fleur de sel et de poivre, puis recouvrez de vinaigrette. Répartissez la betterave mêlée de ciboulette, puis chapeautez le tout d'une tuile de parmesan et d'un œuf poché. Ajoutez, éventuellement, une fine tranche de truffe noire sur l'œuf, ainsi qu'une cuillerée à café de vinaigrette et une pincée de fleur de sel.

Servez cette entrée rapidement pour pouvoir déguster le poireau encore tiède.

> ### Conseil pratique
Lorsque vous rincez les poireaux, faites-les tremper dans de l'eau tiède, la tête en bas ; les feuilles pourront s'écarter et le sable qu'elles renferment tombera plus facilement.

*Cette recette est vraiment très simple,
trop simple pour un livre de cuisine...
Mais quand les tomates cerises viennent du jardin,
vers la fin du mois d'août, gorgées de soleil,
lorsqu'elles sont parsemées de fleur de sel croquante,
parfumées de vieux parmesan et arrosées
d'une très bonne huile d'olive, je trouve
qu'elles méritent bien une recette et une jolie photo.*

# Assiettes de tomates cerises au parmesan

**POUR 4 PERSONNES**
**PRÉPARATION :** 5 min

- 4 belles grappes de tomates cerises
- vieux parmesan selon convenance
- 1 filet d'huile d'olive
- fleur de sel de Guérande
- poivre du moulin

Lavez rapidement les tomates à l'eau claire, puis coupez-les en deux et disposez-les sur une assiette ou sur un plat de service.

À l'aide d'un couteau Économe, râpez le parmesan en gros copeaux.

Assaisonnez les tomates de fleur de sel de Guérande et de poivre, arrosez-les d'un généreux filet de très bonne huile d'olive et parsemez-les de copeaux de vieux parmesan.

> Conseil pratique
La réussite de cette recette dépend de l'excellente qualité des ingrédients.

*J'apprécie les asperges de Pertuis non seulement pour leur goût et leur fraîcheur, mais surtout parce qu'elles annoncent l'arrivée des beaux jours.*

# Grosses asperges vertes de Pertuis cuites à la minute, vinaigrette aux herbes fraîches

**POUR 6 PERSONNES**
**PRÉPARATION :** 30 min
**CUISSON :** 10 min environ

- 30 pointes d'asperges vertes de Pertuis
- 1 botte de cerfeuil
- 1 botte de coriandre
- 1 botte d'estragon
- 1 botte de ciboulette
- 1 botte d'oignons nouveaux
- 20 cl de vinaigre de xérès
- 1 cuill. à café de moutarde
- 15 cl d'huile d'olive
- 15 cl d'huile d'arachide
- fleur de sel
- sel et poivre du moulin

Épluchez les asperges très délicatement, de la tête vers la queue. Rincez-les quelques secondes sous l'eau fraîche, puis bottelez-les cinq par cinq avec de la ficelle de cuisine.

Portez une grande casserole d'eau salée à ébullition. Plongez-y les asperges et laissez-les cuire de 7 à 9 minutes, selon leur grosseur, à partir de la reprise de l'ébullition. Retirez les bottes d'asperges de l'eau, puis mettez-les à tremper 1 minute dans une grande bassine d'eau glacée.

Préparez la vinaigrette. Lavez les herbes, épluchez les oignons nouveaux, puis émincez finement le tout. Mélangez le vinaigre de xérès, la moutarde, du sel et du poivre, puis incorporez les huiles. Ajoutez les herbes et les oignons émincés, et émulsionnez bien.

Égouttez les asperges et disposez-en 5 par assiette. Parsemez-les de fleur de sel, puis recouvrez-les aux trois quarts de vinaigrette. Dégustez aussitôt.

### > Trucs de chef
Botteler les asperges, c'est-à-dire les attacher en botte, permet de les sortir de l'eau bouillante plus facilement et de moins les abîmer en les manipulant.

Plonger les asperges juste cuites dans de l'eau glacée permet de fixer la couleur, d'éliminer l'excédent de sel et de les refroidir légèrement.

### > Suggestion du chef
Pour une présentation plus raffinée, ajoutez, dans chaque assiette, un œuf poché dont le goût s'associera très bien à la fraîcheur des asperges, ainsi que quelques copeaux de vieux parmesan.

*Cette soupe glacée est une cousine du gaspacho : les tomates, le poivron... mais elle est bien meilleure !*

# Soupe glacée de tomate au piment d'Espelette et fromage de chèvre frais à l'huile d'olive

**POUR 6 PERSONNES**
**PRÉPARATION :** 25 min
**MARINADE :** 1 h
**CUISSON :** 20 min environ

### Pour la soupe glacée
- 1 kg de tomates bien mûres
- 1 petit poivron rouge
- 1 pointe de gros sel
- 80 g de concentré de tomate
- 80 g de ketchup
- 2 cuill. à soupe de Worcestershire sauce
- 15 cl de bonne huile d'olive
- quelques gouttes de sauce piquante
- 1/2 cuill. à soupe de piment d'Espelette en poudre
- 6 cuill. à café de pesto de basilic (voir recette p. 34)

### Pour le fromage frais
- 300 g de fromage de chèvre frais
- 1 botte de basilic
- 1/2 cuill. à soupe de piment d'Espelette
- 15 cl de bonne huile d'olive
- sel et poivre du moulin

**La veille.** Préparez la soupe glacée. Lavez et coupez les tomates en quatre. Lavez le poivron, puis faites-le griller environ 20 minutes sous le gril du four. Faites-le refroidir dans de l'eau glacée, puis égouttez-le, pelez-le, coupez-le en deux et épépinez-le. Dans un plat creux, mettez les tomates et le poivron à mariner 1 heure avec le gros sel et le concentré de tomate.

Dans le bol d'un robot, mixez les tomates et le poivron marinés. Versez le ketchup et la Worcestershire sauce, mixez à nouveau, puis passez le tout au chinois étamine. À l'aide d'un fouet, montez la préparation à l'huile d'olive, puis ajoutez la sauce piquante et le piment d'Espelette. Rectifiez l'assaisonnement et réservez au réfrigérateur.

Préparez le fromage frais à l'huile. Lavez et ciselez finement le basilic, puis mélangez-le au fromage de chèvre frais. Incorporez le piment d'Espelette et l'huile d'olive, salez et poivrez. Réservez au réfrigérateur.

**Le jour même.** Sortez la soupe glacée du réfrigérateur et émulsionnez-la avec un filet d'huile d'olive. Dans des verrines, déposez un fond de fromage de chèvre frais, puis versez la soupe de tomate. Ajoutez 1 cuillerée à café de pesto de basilic dans chaque verrine et servez frais.

*Cette soupe est un classique que l'on retrouve tous les ans, au début de l'hiver, sur la carte de La Régalade, servie avec des copeaux de châtaigne, des petits croûtons et des dés de foie gras rôtis.*

# Soupe crémeuse de potimarron, lardons de foie gras en brochette

**POUR 6 PERSONNES**
**PRÉPARATION :** 30 min
**CUISSON :** 45 min environ

- 1 potimarron d'environ 1,2 kg
- 2 petits oignons
- 400 g de foie gras
- 40 g de beurre
- 1/2 cuill. à café de gros sel
- 25 cl de lait
- 1 l de bouillon de volaille
- 15 cl de crème liquide
- quelques brins de ciboulette
- sel et poivre du moulin

Coupez le potimarron en quatre, épluchez-le et coupez la chair en cubes. Épluchez les oignons, puis émincez-les finement. Coupez le foie gras en dés de 2 cm de côté, salez, poivrez et réservez au réfrigérateur.

Dans un faitout, faites suer les oignons émincés avec le beurre, puis ajoutez les dés de potimarron et le gros sel. Mouillez avec le lait et le bouillon de volaille, portez à ébullition et laissez cuire environ 30 minutes.

Fouettez la crème liquide. À l'aide d'un petit mixer plongeant, mixez le potage jusqu'à obtenir une soupe onctueuse et bien lisse. Ajoutez la crème fouettée, puis mixez à nouveau. Rectifiez l'assaisonnement.

Sortez les dés de fois gras du réfrigérateur. Dans une poêle antiadhésive bien chaude, saisissez-les 10 secondes sur chaque face, puis déposez-les sur du papier absorbant.

Lavez et ciselez la ciboulette. Versez la soupe dans une soupière (improvisée dans un potiron évidé, par exemple) ou directement dans des assiettes creuses, parsemez-la de ciboulette et disposez les dés de foie gras sur des piques en bois tout autour. Dégustez cette soupe crémeuse bien chaude.

> **Suggestion du chef**
Vous pouvez aussi ajouter de petits croûtons, quelques copeaux de parmesan ou encore des lardons.

*Cette recette de foie gras mi-cru, mi-cuit est très originale à servir. De plus, elle présente l'avantage de ne pas avoir à dénerver le foie gras.*

# Foie gras de canard rôti, mais servi froid

**POUR 6 PERSONNES**
**PRÉPARATION** : 15 min
**Cuisson** : 15 min environ

- 1 foie gras de canard extra-frais
- 1/2 cuill. à café de noix de muscade moulue
- fleur de sel de Guérande
- sel et poivre du moulin

### Pour la vinaigrette au jus de viande

- 3 cuill. à soupe de jus de viande (récupéré de la cuisson d'un rôti, par exemple)
- 2 cuill. à soupe de vinaigre balsamique
- 1 branche de thym frais
- 1/2 feuille de laurier
- 6 grains de poivre noir
- 2 cuill. à soupe d'huile d'arachide
- 2 cuill. à soupe d'huile d'olive

**La veille.** Sortez le foie gras du réfrigérateur 1 heure avant de le cuisiner.

Séparez les deux lobes constituant le foie gras. Assaisonnez-les généreusement sur toutes leurs faces de sel, de poivre et de noix de muscade moulue.

Faites chauffer, à feu modéré, une poêle antiadhésive et déposez-y les deux lobes de foie gras. Faites-les colorer environ 10 minutes sur toutes leurs faces, jusqu'à ce qu'ils brunissent un peu, en les arrosant copieusement du gras de cuisson. Vérifiez la cuisson, retirez les lobes de la poêle, déposez-les dans un plat et laissez-les refroidir 30 minutes à température ambiante.

Enveloppez-les de film alimentaire en leur redonnant la forme initiale et réservez au réfrigérateur jusqu'au lendemain.

**Le jour même.** Sortez le foie gras 30 minutes avant de le couper.

Préparez la vinaigrette. Faites chauffer le jus de viande dans une casserole. Au premier bouillon, ajoutez le vinaigre balsamique, le thym, le laurier et les grains de poivre noir. Faites réduire 1 minute, puis passez le tout au chinois. Versez les 2 huiles et émulsionnez légèrement.

À l'aide d'un couteau à lame fine trempée dans de l'eau chaude, coupez le foie gras en tranches de 3 ou 4 mm d'épaisseur. Déposez-les dans les assiettes, parsemez-les de fleur de sel, poivrez et arrosez-les d'un trait de vinaigrette au jus de viande.

> Conseils pratiques

Pour vérifier la cuisson du foie gras, enfoncez une aiguille à cœur ; vous ne devez pas sentir de résistance.

Pour avoir toujours un peu de jus de viande disponible, récupérez le jus d'un rôti de bœuf ou d'un poulet, par exemple, et mettez-le à congeler.

> Suggestion du chef

Vous pouvez accompagner ce foie gras de tranches de pain de campagne toastées et d'une petite salade assaisonnée d'une vinaigrette bien relevée.

*Nul besoin de préparer une gelée ; elle se forme toute seule par la cuisson de la tête et des pieds de cochon.*

# Pressé de tête et de pied de cochon, sauce ravigote

POUR 1,5 KG DE TERRINE
PRÉPARATION : 40 min
CUISSON : de 4 h 30 à 5 h

- 1/2 tête de cochon fermier avec la langue, préparée par le boucher
- 3 pieds de cochon, préparés par le boucher
- 1 tête d'ail + 2 gousses
- 2 oignons
- 5 carottes
- 1 poireau
- 1 branche de thym
- 1 feuille de laurier
- 12 grains de poivre noir
- 1 bonne poignée de gros sel
- 3 grosses échalotes
- 50 cl de vin blanc
- 1 botte de persil plat
- sel et poivre du moulin

Pour la sauce ravigote
- 20 cl de vinaigre de vin vieux
- 1 cuill. à café de moutarde
- 15 cl d'huile d'olive
- 15 cl d'huile d'arachide
- 2 œufs durs
- 20 g de cornichons
- 15 g de câpres
- 1 échalote
- 1 botte de persil plat
- 1 botte de ciboulette

**La veille.** Portez un faitout d'eau froide à ébullition avec la tête et les pieds de cochon. Épluchez la tête d'ail, les oignons, 2 carottes et le poireau. Écumez le bouillon et ajoutez les légumes épluchés ainsi que le thym, le laurier, les grains de poivre et le gros sel. Laissez cuire à frémissement de 2 heures 30 à 3 heures, en écumant régulièrement. La viande doit se détacher des os sans résistance.

Épluchez et coupez les carottes restantes en dés de 5 mm de côté. Épluchez et émincez les échalotes. Mettez le tout dans une casserole avec le vin blanc et laissez cuire environ 30 minutes à petits bouillons, jusqu'à ce que le vin soit réduit de moitié.

Retirez la viande du faitout et laissez-la refroidir environ 10 minutes. Versez 1 l de jus de cuisson dans une casserole et faites réduire de moitié. Retirez la peau blanchâtre de la langue et désossez consciencieusement la tête et les pieds de cochon.

Préchauffez le four à 180 °C (therm. 6).

Épluchez et hachez les 2 gousses d'ail. Coupez la viande en morceaux de 1,5 cm de côté, puis mettez-la dans la casserole avec le jus de cuisson réduit. Versez le vin blanc avec les carottes et les échalotes cuites et ajoutez l'ail haché. Portez à ébullition, puis laissez cuire environ 10 minutes.

Lavez et ciselez le persil plat, puis ajoutez-le. Rectifiez l'assaisonnement, puis versez le tout dans une terrine. Enfournez et laissez cuire 20 minutes à 180 °C, puis baissez la température à 150 °C (therm. 5) et laissez cuire encore 40 minutes.

Sortez la terrine du four, laissez-la refroidir 1 heure à température ambiante, puis mettez-la au réfrigérateur jusqu'au lendemain.

**Le jour même.** Préparez la sauce ravigote. Mélangez le vinaigre de vin vieux avec la moutarde, du sel et du poivre, puis incorporez les huiles. Hachez les œufs durs, les cornichons et les câpres. Épluchez et hachez l'échalote, ciselez le persil plat et la ciboulette, puis mélangez le tout dans la vinaigrette.

Sortez le pressé du réfrigérateur et servez-le en tranches épaisses généreusement arrosées de sauce ravigote.

> **Suggestion du chef**
Servez ce pressé de cochon accompagné de tranches de pain grillées et de cœurs de salade sucrine.

*Voici la terrine emblématique de La Régalade, celle qui vous confirme que vous êtes à la bonne adresse car nous la servons à volonté en guise de bienvenue.*

# Terrine de campagne de La Régalade

**POUR 1,5 KG DE TERRINE**
**PRÉPARATION :** 25 min
**CUISSON :** de 2 h 35 à 2 h 50
**REPOS AU FRAIS :** de 24 à 48 h

- 1 kg de gorge de porc
- 400 g de foie de porc
- 2 gousses d'ail
- 1 oignon
- 1 botte de persil plat
- 25 cl de crème liquide
- 4 œufs
- 20 g de sel
- 2 g de poivre du moulin
- crépines

Préchauffez le four à 180 °C (therm. 6).

Coupez les viandes en morceaux de 4 ou 5 cm de côté. Épluchez les gousses d'ail et l'oignon et coupez-les en quartiers. Lavez et hachez sommairement le persil. Mettez le tout dans le bol d'un mixer et hachez grossièrement. Ajoutez la crème liquide, cassez les œufs, salez et poivrez, puis mélangez à la spatule 3 ou 4 minutes, jusqu'à obtenir une pâte homogène.

Versez le tout dans une terrine, recouvrez d'une ou de plusieurs crépines, puis enfournez au bain-marie et laissez cuire 20 minutes. Baissez le four à 150 °C (therm. 5) et prolongez la cuisson de 2 heures 15 à 2 heures 30.

Vérifiez la cuisson de la terrine, puis sortez-la du four. Laissez-la refroidir à température ambiante environ 1 heure, puis placez-la au réfrigérateur de 24 à 48 heures pour laisser aux arômes le temps de se développer.

> **Conseil pratique**
La terrine est cuite lorsque la pointe d'un couteau plantée à cœur ressort presque sèche.

> **Suggestion du chef**
Dégustez la terrine de campagne sur de grandes tranches de pain grillées, accompagnée de cornichons, de cèpes à l'huile, de girolles au vinaigre ou d'une compote d'oignon.

*Ne vous laissez pas impressionner par le temps de cuisson de cette terrine ni par les ingrédients ; cette recette est vraiment simple à réaliser et la cuisson en est la dernière étape.*

# Terrine de gibier de La Régalade

POUR 2,2 KG DE TERRINE
PRÉPARATION : 45 min
CUISSON : de 3 h 10 à 3 h 25
REPOS AU FRAIS : de 24 à 48 h

- 1 kg de gorge de porc
- 1 cuisse de lièvre désossée (environ 200 g de chair)
- 350 g de chevreuil (épaule ou gigue)
- 300 g de sanglier (épaule ou gorge)
- 150 g de foie de gibier (colvert, lièvre, perdreau ou lapin de garenne)
- 30 g de sel
- 4 g de poivre du moulin
- 3 échalotes
- 2 gousses d'ail
- 100 g de saindoux
- 300 g de foie gras de canard
- 4 œufs
- 25 cl de crème liquide
- 10 cl de cognac
- 80 g de noisettes
- 1 bande de barde
- 150 g de crépine

**La veille.** Coupez toutes les viandes en morceaux de 3 ou 4 cm de côté, puis mettez-les dans une jatte, versez le sel et le poivre et remuez le tout à la main. Couvrez d'un film alimentaire placé directement au contact des viandes et laissez macérer jusqu'au lendemain.

Épluchez les échalotes et coupez-les en quartiers. Épluchez, puis écrasez les gousses d'ail. Faites fondre le saindoux dans un sautoir, ajoutez l'ail et l'échalote et faites-les confire environ 30 minutes à feu doux. Égouttez-les et réservez-les.

**Le jour même.** Préchauffez le four à 180 °C (therm. 6).

Hachez ensemble les viandes macérées au sel et l'ail et les échalotes confits (si vous utilisez un robot hachoir, choisissez une grille avec des trous de 5 mm de diamètre). Mettez le tout dans une jatte.

Coupez le foie gras en gros cubes. Dans la jatte, ajoutez les œufs, la crème liquide, les cubes de foie gras, le cognac et les noisettes. Mélangez 3 ou 4 minutes à l'aide d'une spatule, sans trop abîmer les cubes de foie gras, jusqu'à obtenir une pâte homogène.

Recouvrez le fond de la terrine avec la barde, puis versez la préparation. Recouvrez de crépine, puis enfournez et faites cuire 20 minutes à 180 °C. Baissez le four à 150 °C (therm. 5) et prolongez la cuisson de 2 heures 15 à 2 heures 30.

Vérifiez la cuisson, puis sortez la terrine du four. Laissez-la refroidir 1 heure à température ambiante, puis placez-la au réfrigérateur de 24 à 48 heures pour laissez aux arômes le temps de se développer.

### > Conseil pratique
La terrine est cuite lorsque la pointe d'un couteau plantée à cœur ressort propre et très chaude. Si vous avez une sonde, la température à cœur de la terrine doit être de 65 °C.

### > Suggestion du chef
Dégustez la terrine de gibier sur des tranches de pain grillées, accompagnée de cornichons, de cèpes à l'huile, de girolles au vinaigre, d'une compote d'oignon ou, tout simplement, d'une salade frisée aux petits croûtons assaisonnée d'une vinaigrette à l'huile de noisette et au vinaigre de xérès.

*Lorsque vous aurez goûté cette brouillade simple et savoureuse, vous ne considérerez plus les œufs brouillés comme un plat vite fait et ordinaire...*

# Brouillade d'œufs de poule, tomates et pesto de basilic

**POUR 1 PERSONNE**
**PRÉPARATION :** 5 min
**CUISSON :** 6 min environ
**PRÉPARATION DU PESTO :**
15 min environ

- 3 œufs frais
- 1 noix de beurre
- 1 ½ cuill. à soupe de tomates concassées
- 7 pétales de tomates séchées
- 10 g de copeaux de parmesan
- 1 jaune d'œuf
- sel et poivre du moulin

### Pour le pesto de basilic
- 2 bottes de basilic
- 1 gousse d'ail
- 80 g de parmesan en poudre
- 25 g de pignons de pin
- 20 cl d'huile d'olive

Préparez le pesto de basilic. Lavez et effeuillez le basilic. Épluchez et dégermez la gousse d'ail, puis mettez-la dans un bol avec les feuilles de basilic, le parmesan, les pignons de pin et la moitié de l'huile d'olive. Mixez à l'aide d'un petit mixer plongeant jusqu'à obtention d'une pâte un peu épaisse, puis incorporez le reste d'huile d'olive et réservez.

Préchauffez le gril du four.

Dans un sautoir à feu doux, cassez les œufs, ajoutez le beurre, puis battez le tout jusqu'à obtenir une brouillade crémeuse. Incorporez les tomates concassées, salez et poivrez.

Versez le tout dans une assiette creuse. Disposez les pétales de tomates séchées, les copeaux de parmesan et 1 cuillerée à café de pesto de basilic, puis passez le tout 1 minute sous le gril du four.

Placez le jaune d'œuf au centre de la brouillade, disposez encore quelques copeaux de parmesan et dégustez immédiatement.

> **Conseil pratique**
Vous pouvez conserver le pesto de basilic maison 2 ou 3 jours au réfrigérateur dans un bocal hermétique.

*La truffe a ceci d'exceptionnel qu'elle transforme le plat le plus simple en un mets raffiné et parfumé.*

# Brouillade d'œufs de poule à la truffe noire

**POUR 1 PERSONNE**
**PRÉPARATION :** 10 min
**CUISSON :** 5 min

- 3 œufs frais
- 1 noix de beurre
- 2 cuill. à soupe de crème liquide
- truffe selon convenance
- mouillettes grillées
- sel et poivre du moulin

Fouettez la crème liquide, puis réservez-la au frais.

Dans un sautoir à feu doux, cassez les œufs et ajoutez le beurre. Battez le tout, jusqu'à obtenir une brouillade crémeuse. Retirez le sautoir du feu.

Sortez la crème fouettée du réfrigérateur et incorporez-la aux œufs brouillés pour stopper la cuisson. Salez et poivrez. Hachez la quantité de truffe souhaitée, puis incorporez-la au mélange crémeux.

Versez la brouillade dans une assiette creuse, râpez quelques copeaux de truffe fraîche dessus et dégustez immédiatement avec quelques mouillettes grillées.

> **Conseil pratique**
La truffe a un parfum si puissant qu'elle aromatise tout ce qu'elle touche. Conservez-la dans un bocal hermétique avec du riz et des œufs ; elle leur conférera son goût fort et subtil à la fois.

*Cette pissaladière revisitée est délicate et parfumée. Si vous préférez une cuisine moins relevée, remplacez le piment par de fines lanières de poivron rouge.*

# Tarte fine croustillante comme une pissaladière, petits maquereaux et parmesan

**POUR 6 PERSONNES**
**PRÉPARATION** : 30 min
**CUISSON** : 50 min environ

- 8 filets de maquereau
- 15 cl d'huile d'olive
- 2 pincées de piment d'Espelette en poudre
- 1 botte d'oignons nouveaux
- 2 gousses d'ail
- 80 g d'olives noires de Nice
- 1 branche de thym
- 1/2 oignon rouge
- 1/2 piment rouge
- 1 pâte feuilletée de 18 cm de diamètre (commandée au boulanger ou prête à dérouler)
- 50 g de copeaux de parmesan
- 1 botte de cerfeuil
- fleur de sel
- sel et poivre du moulin

Coupez les filets de maquereau en deux dans la longueur et retirez les éventuelles arêtes. Dans un plat creux, mélangez 7 cuillerées à soupe d'huile d'olive avec le piment d'Espelette et salez. Mettez les filets de maquereau à mariner le temps de la préparation.

Préchauffez le four à 210 °C (therm. 7).

Épluchez, puis émincez les oignons nouveaux et les gousses d'ail. Dénoyautez et hachez les olives noires. Dans un sautoir, faites chauffer le reste d'huile d'olive, ajoutez les oignons, l'ail et le thym, salez et poivrez, puis laissez compoter 15 minutes environ. Ajoutez la moitié des olives noires et réservez.

Épluchez le demi-oignon rouge, détaillez-le en rondelles ainsi que le demi-piment.

Placez le disque de pâte feuilletée sur une plaque à four, enfournez et laissez dorer 20 minutes à blanc en l'aplatissant 1 ou 2 fois pour qu'elle ne gonfle pas trop.

Sortez le feuilletage du four. Disposez harmonieusement la compotée d'oignon, les filets de maquereau, les rondelles de piment et d'oignon rouge et la moitié des copeaux de parmesan. Salez, poivrez, puis enfournez à nouveau. Laissez cuire 10 minutes, jusqu'à ce que les filets soient cuits.

Lavez le cerfeuil. Sortez la pissaladière du four, garnissez-la du reste d'olives noires et de parmesan, et parsemez-la de cerfeuil. Versez un filet d'huile d'olive et saupoudrez de quelques pincées de fleur de sel.

> **Suggestion du chef**
Servez la tarte fine aux maquereaux accompagnée d'un mesclun et d'une vinaigrette à l'huile d'olive citronnée.

*Ce carpaccio est très agréable à déguster quand il fait chaud ; le gingembre confit lui donne une note acide et une fraîcheur très appréciables lors d'un repas d'été.*

# Carpaccio de thon rouge et de dorade grise sauvage, gingembre confit et parmesan

**POUR 4 PERSONNES**
**PRÉPARATION : 15 min**

- 8 fines tranches de thon rouge de 50 g chacune
- 8 fines tranches de dorade grise sauvage prélevées dans un filet épais
- le jus de 2 citrons
- 10 cl d'huile d'olive
- 1/2 concombre
- 80 g de gingembre confit en saumure (gingembre rose)
- 1 botte de coriandre
- 50 g de copeaux de parmesan
- fleur de sel
- sel et poivre du moulin

Préparez la vinaigrette. Mélangez 2 pincées de sel fin dans le jus de citron, puis ajoutez l'huile d'olive et émulsionnez à l'aide d'un fouet. Réservez au frais.

Épluchez partiellement le demi-concombre, en gardant une lamelle de peau sur deux, puis coupez-le dans la longueur, épépinez-le et taillez la chair en fine julienne. Émincez le gingembre grossièrement. Lavez et ciselez la coriandre. Mélangez délicatement le tout.

Disposez les tranches de poisson cru dans un plat bien froid, en alternant une tranche de dorade et une tranche de thon. Salez et poivrez légèrement, puis, à l'aide d'une cuillère à soupe, arrosez d'un peu de vinaigrette au citron.

Assaisonnez la salade de concombre, coriandre et gingembre avec le reste de vinaigrette, disposez-la sur le poisson et parsemez le tout de copeaux de parmesan et de fleur de sel.

> **Conseil pratique**
La vinaigrette citronnée cuit légèrement le poisson cru ; servez-le sans tarder.

*Cette entrée, préparée au Pays basque au retour de la pêche au thon, s'associe parfaitement avec le piment d'Espelette et l'ail frais juste émincé.*

# Mi-cru mi-cuit de thon rouge au piment d'Espelette, salade d'herbes et pesto de basilic

**POUR 6 PERSONNES**
**PRÉPARATION** : 25 min
**MARINADE** : 15 min
**CUISSON** : 5 min environ

- 2 pavés de thon rouge de 250 g chacun
- 1 gousse d'ail
- 7 cuill. à soupe d'huile d'olive
- piment d'Espelette en poudre
- fleur de sel
- 25 g de pesto de basilic (voir recette p. 34)
- poivre du moulin

**Pour la salade d'herbes**
- 1 botte de coriandre
- 1 botte de cerfeuil
- 1 botte de persil
- 1 botte d'estragon
- 1 botte d'oignons nouveaux
- 1 botte de ciboulette

Épluchez et émincez finement la gousse d'ail, puis mélangez-la avec 6 cuillerées à soupe d'huile d'olive et 2 pincées de piment d'Espelette. Déposez les filets de thon et laissez mariner environ 15 minutes.

Faites chauffer une poêle antiadhésive, versez le reste d'huile d'olive, puis saisissez les pavés de thon 1 minute au maximum sur chaque face. Quand les pavés sont colorés, mettez-les dans une jatte d'eau glacée 2 minutes, puis épongez-les avec du papier absorbant et réservez-les.

Préparez la salade d'herbes. Effeuillez la coriandre, le cerfeuil, le persil et l'estragon, puis lavez-les et essorez-les. Épluchez et émincez finement les oignons nouveaux. Rincez et taillez la ciboulette en bâtonnets. Mélangez délicatement le tout.

Coupez les pavés de thon en fines tranches de 3 mm d'épaisseur et disposez-les sur un plat de service ou directement sur les assiettes. Parsemez de fleur de sel, de poivre et de piment d'Espelette, puis agrémentez de pesto de basilic. Servez le thon et la salade d'herbes séparément.

> Truc de chef

Mettre les pavés de thon juste cuits dans de l'eau glacée permet de stopper net la cuisson.

> Suggestion du chef

Agrémentez éventuellement la salade d'herbes de copeaux de parmesan.

*Les huîtres relèvent l'assaisonnement du tartare et apportent ce goût iodé si particulier. C'est une bonne idée d'entrée pour un repas de fête.*

# Tartare de saumon et de dorade aux huîtres et à la ciboulette

**POUR 4 PERSONNES**
**PRÉPARATION :** 30 min

- 360 g de filet de saumon frais sans la peau
- 360 g de filet de dorade grise sauvage sans la peau
- 8 huîtres spéciales n° 3
- 1 botte de ciboulette
- 2 cuill. à café de mayonnaise
- le jus de 2 citrons
- sel et poivre du moulin

Coupez le saumon et la dorade en dés de 3 ou 4 mm de côté, puis mettez-les dans une jatte elle-même posée sur un bain-marie de glace.

Ouvrez les huîtres en faisant bien attention de ne pas laisser d'éclats de coquilles et récupérez le jus. Hachez finement 4 d'entre elles au couteau et réservez les autres pour le décor.

Lavez et ciselez la ciboulette. Mélangez-la aux dés de poisson, salez légèrement et mélangez à nouveau. Ajoutez les huîtres hachées, la mayonnaise et le jus de citron, poivrez et mélangez encore pour que la préparation soit bien liée. Goûtez et, si vous ne sentez pas assez le goût des huîtres, versez un peu du jus d'huître réservé.

Présentez le tartare en 4 portions égales dans les assiettes, disposez une huître sur chacun et dégustez aussitôt.

> Suggestion du chef
Servez cette entrée très fraîche avec des tranches de pain de seigle et du poivre. Accompagnez-la, éventuellement, d'œufs de saumon.

*La préparation du beurre d'herbes convient parfaitement pour garnir des escargots ou des moules d'Espagne. Et si vous remplacez le jambon par des dés de tomate, vous pourrez en farcir des couteaux.*

# Praires de Bretagne, beurre d'herbes aux noisettes et au parmesan

**POUR 4 PERSONNES**
**PRÉPARATION :** 40 min
**CUISSON :** 15 min environ

- 32 praires de Bretagne
- 2 échalotes
- 1 gousse d'ail
- 20 g de beurre frais demi-sel
- 1 branche de thym
- 1 feuille de laurier
- 10 cl de vin blanc

**Pour le beurre d'herbes**
- 150 g de beurre demi-sel ramolli
- 1 petite échalote
- 1 gousse d'ail
- 1 botte de persil
- 1/5 de botte d'estragon
- 1/2 botte de cerfeuil
- 1 botte de ciboulette
- 1 tranche de jambon d'Espagne
- 20 g de noisettes en poudre
- 30 g de parmesan en poudre
- sel et poivre du moulin

Lavez les praires à l'eau froide plusieurs fois, puis égouttez-les.

Épluchez et émincez les échalotes. Épluchez et écrasez la gousse d'ail. Dans une cocotte, faites chauffer le beurre, puis faites suer les échalotes 5 minutes avec le thym, le laurier et l'ail écrasé. Ajoutez les praires, versez le vin blanc, puis couvrez et laissez cuire 4 minutes environ, jusqu'à ce que les coquillages s'ouvrent. Égouttez-les, puis décortiquez-les. Faites sauter la coquille vide et décollez la chair sans la retirer de sa cavité.

Préparez le beurre d'herbes. Travaillez le beurre ramolli en pommade lisse. Épluchez et coupez l'échalote en deux. Épluchez l'ail. Lavez et effeuillez le persil, l'estragon et le cerfeuil. Tronçonnez la ciboulette et coupez le jambon en dés. Dans le bol d'un robot, hachez ensemble l'échalote, l'ail, les herbes, les noisettes et le parmesan. Ajoutez le beurre et mixez à nouveau. Rectifiez l'assaisonnement, puis ajoutez les dés de jambon. Versez la préparation dans une poche à douille.

Préchauffez le four à 180 °C (therm. 6).

Déposez les praires sur la lèchefrite du four, puis, à l'aide de la poche à douille, garnissez chaque praire de beurre d'herbes. Enfournez et laissez cuire de 3 à 5 minutes. Disposez les praires au beurre d'herbes sur un plat de service et dégustez aussitôt.

> **Conseils pratiques**
Si vous n'avez pas de poche à douille, versez le beurre d'herbes dans une jatte et garnissez les praires à la petite cuillère.

Veillez à ce que les praires ne cuisent pas trop au four ; elles deviendraient caoutchouteuses et le beurre pourrait brûler.

*Ces saint-jacques servies dans leur coquille, agrémentées de jambon espagnol et parfumées aux herbes, composent une entrée aussi spectaculaire que raffinée.*

# Coquilles Saint-Jacques de Bretagne rôties en coques, jambon d'Espagne et ciboulette

**POUR 4 PERSONNES**
**PRÉPARATION :** 30 min
**CUISSON :** 10 min environ

- 16 coquilles Saint-Jacques sans corail
- 200 g de beurre demi-sel
- 1 grosse échalote
- 1/2 botte de persil plat
- 1/2 botte de persil
- 1/2 botte de cerfeuil
- 1/4 de botte d'estragon
- 1 botte de ciboulette
- 2 tranches de pain de mie
- 1 noix de beurre
- 16 tranchettes de jambon espagnol, type Serrano ou Patanegra
- sel et poivre du moulin

Coupez le beurre demi-sel en dés, puis travaillez-le en pommade à l'aide d'une spatule. Épluchez l'échalote et coupez-la en quartiers. Lavez et effeuillez les herbes, sauf la ciboulette. Dans un mixer, hachez ensemble et le plus finement possible l'échalote et les herbes effeuillées. Ajoutez le beurre en pommade et mixez à nouveau pour obtenir un beurre vert aux herbes.

Préchauffez le four à 180 °C (therm. 6).

Ouvrez les coquilles Saint-Jacques et nettoyez-les. Vérifiez que les noix sont bien attachées à leur coquille. Salez, poivrez et disposez un peu de beurre aux herbes sur chaque noix.

Lavez et coupez la ciboulette en tronçons. Coupez les tranches de pain de mie en dés et mettez ceux-ci à dorer dans une poêle avec la noix de beurre.

Enfournez les coquilles Saint-Jacques et faites cuire 3 ou 4 minutes selon leur taille, jusqu'à ce que le beurre soit fondu.

Sortez les coquilles du four. Répartissez-y les croûtons dorés, ainsi que les tranchettes de jambon et les tronçons de ciboulette. Dégustez immédiatement.

> Conseil pratique

Veillez à ce que les coquilles Saint-Jacques ne soient pas trop cuites ; sortez-les du four dès que le beurre commence à mousser.

# Plats

*Voici une recette simple, dont la réussite dépend non seulement de la fraîcheur des fruits de mer, mais aussi de la cuisson des pâtes, qui doit être al dente.*

# Spaghettinis aux langoustines et aux palourdes, bouillon de coquillages à l'huile d'olive

**POUR 4 PERSONNES**
**PRÉPARATION :** 40 min
**CUISSON :** 30 min environ

- 480 g de spaghettinis frais
- 24 palourdes de Bretagne
- 20 langoustines très fraîches
- 1 gousse d'ail
- 1 échalote
- 20 g de beurre frais demi-sel
- 1 branche de thym
- 1 feuille de laurier
- 10 cl de vin blanc
- 1 botte de basilic
- 12 pétales de tomates séchées
- 15 cl d'huile d'olive
- sel et poivre du moulin

Lavez les palourdes à l'eau froide, puis égouttez-les. Pelez et écrasez la gousse d'ail. Épluchez et émincez l'échalote, puis faites-la suer 5 minutes, dans un faitout, avec le beurre, le thym, le laurier et l'ail. Ajoutez les palourdes, versez le vin blanc, couvrez et laissez cuire 4 minutes environ, jusqu'à ce que les coquillages s'ouvrent.

Égouttez les palourdes en récupérant le jus de cuisson. Versez-le dans une casserole et faites-le réduire d'un tiers.

Portez une grande casserole d'eau salée à ébullition.

Décortiquez les palourdes et les langoustines. Retirez bien les boyaux noirs des langoustines. Gardez quelques coquilles et quelques pinces pour la présentation. Lavez, effeuillez et ciselez le basilic. Coupez les pétales de tomates séchées en quatre.

Mettez les pâtes à cuire 3 ou 4 minutes dans l'eau bouillante, puis égouttez-les. Faites-les refroidir à l'eau glacée et égouttez-les à nouveau.

Dans une poêle antiadhésive, faites chauffer 3 cuillerées à soupe d'huile d'olive, puis déposez délicatement les langoustines et faites-les cuire doucement sur chaque face.

Dégraissez légèrement la poêle, puis jetez-y les pâtes et faites-les sauter 2 ou 3 minutes. Ajoutez les tomates séchées, le basilic ciselé, les palourdes décortiquées et faites chauffer 2 minutes. Salez, poivrez, puis versez le tout dans un plat creux et disposez les langoustines.

Dans le jus des palourdes réduit, versez le reste d'huile d'olive, puis mixez à l'aide d'un mixer plongeant. Rectifiez l'assaisonnement et versez le bouillon obtenu sur les pâtes. Disposez les coquilles de palourde et les pinces de langoustine et servez, éventuellement accompagné de parmesan râpé.

*En saison, je propose ce plat traditionnel à l'ardoise de La Régalade, en hommage à Gabriel Biscay, grand chef avec qui j'ai eu la chance de travailler.*

# Petite marmite de coquilles Saint-Jacques à la dieppoise

**POUR 2 PERSONNES**
**PRÉPARATION** : 30 min
**CUISSON** : 25 min environ

- 10 coquilles Saint-Jacques de Bretagne préparées par le poissonnier
- 400 g de moules de bouchot
- 1 échalote
- 100 g de beurre frais
- 1 branche de thym
- 1 feuille de laurier
- 15 cl de vin blanc
- 2 tranches de pain de mie
- 2 branches de céleri
- 20 cl de crème liquide
- poivre du moulin

Nettoyez les noix de saint-jacques à l'eau froide plusieurs fois, ainsi que les moules de bouchot.

Épluchez et émincez l'échalote, puis faites-la suer dans un sautoir avec 20 g de beurre. Ajoutez les moules, le thym et le laurier, puis versez le vin blanc et poivrez. Couvrez et laissez cuire à feu vif 2 minutes environ, jusqu'à ce que les moules s'ouvrent.

Égouttez le tout dans une passoire en gardant le jus de cuisson, puis laissez les moules refroidir. Gardez-en quelques-unes entières pour la présentation et décortiquez les autres.

Coupez les tranches de pain de mie en quatre, puis faites-les dorer à la poêle avec 20 g de beurre. Déposez les croûtons obtenus sur du papier absorbant.

Portez une casserole d'eau salée à ébullition. Lavez et épluchez le céleri, coupez-le en dés de 5 mm de côté, puis faites-le blanchir dans l'eau bouillante 1 minute. Égouttez-le et faites-le refroidir à l'eau glacée.

Versez le jus des moules dans une sauteuse, portez à ébullition, puis retirez du feu. Jetez-y les saint-jacques et remettez à cuire 2 minutes à feu doux. Ajoutez les moules décortiquées et les dés de céleri et faites chauffer encore 1 minute. À l'aide d'une écumoire, sortez les fruits de mer et le céleri de la sauteuse et déposez-les dans un plat creux et chaud.

Fouettez la crème liquide. Portez à nouveau le jus des moules à ébullition, incorporez le reste de beurre et la crème fouettée, puis émulsionnez à l'aide d'un petit mixer plongeant.

Recouvrez les saint-jacques et leur garniture de sauce mousseuse. Disposez les croûtons et quelques moules entières tout autour et servez aussitôt.

*Commandez le homard à votre poissonnier et assurez-vous que ce soit bien une femelle pour avoir du corail dans la tête. À défaut de corail, ajoutez à la farce un peu plus d'estragon.*

# Homard breton rôti de la tête à la queue

**POUR 2 PERSONNES**
**PRÉPARATION :** 20 min
**CUISSON :** 15 min environ

- 1 homard vivant de 1 kg à 1,2 kg, avec son corail
- 1/4 de botte d'estragon
- 120 g de beurre
- 1½ cuill. à soupe de moutarde de Dijon
- 50 g de chapelure
- 1 citron
- sel et poivre du moulin

Portez une cocotte d'eau à ébullition. Jetez-y le homard vivant et ébouillantez-le 2 minutes. Retirez-le et déposez-le dans de l'eau glacée pour arrêter net la cuisson.

Préchauffez le four à 180 °C (therm. 6).

Coupez le homard en deux dans la longueur, évidez les demi-têtes et récupérez le corail cru. Cassez délicatement les pinces et récupérez-en la chair entière ; retirez bien le cartilage interne. Décortiquez les avant-bras et les articulations. Retirez le boyau noir de la queue.

Lavez, séchez et hachez finement l'estragon. Travaillez la moitié du beurre en pommade, puis incorporez le corail, la moutarde, la chapelure et l'estragon haché. Salez et poivrez. Le mélange ne doit être ni trop ferme ni trop liquide.

Déposez la chair des bras dans les cavités de chaque demi-tête, puis recouvrez de farce à base de corail. Déposez une pince de homard sur la farce, puis parsemez toute la longueur du homard du reste de beurre coupé en noisettes. Enfournez et faites rôtir de 6 à 8 minutes.

Sortez les demi-homards du four, piquez-les d'un bouquet d'estragon et dégustez-les aussitôt, accompagnés d'un demi-citron chacun.

> Conseils pratiques

Pour décortiquer les pinces plus facilement, vous pouvez ébouillanter le homard la veille de la préparation.

La farce des homards est cuite lorsque le corail, vert quand il est cru, devient rouge.

> Suggestion du chef

Cette recette étant un peu onéreuse, réservez-la pour une grande occasion ou un dîner en tête à tête.

*L'association des pommes de terre, de la morue et de la truffe est idéale. La quantité de truffe hachée dans la brandade dépend de votre goût et de votre budget.*

# Brandade légère de morue, petite salade d'artichaut à la truffe noire

**POUR 4 PERSONNES**
**PRÉPARATION** : 35 min
**CUISSON** : 45 min environ

- 500 g de morue dessalée
- 400 g de pommes de terre
- 4 gousses d'ail
- 60 cl de crème liquide
- 1 branche de thym
- 1 feuille de laurier
- 1 anis étoilé
- 60 cl de lait
- 1 filet d'huile d'olive
- sel et poivre du moulin

### Pour la salade d'artichaut
- 8 artichauts poivrade
- 1/4 de botte de basilic
- truffe noire selon votre convenance
- le jus de 1 citron
- 7 cuill. à soupe de bonne huile d'olive

Épluchez et lavez les pommes de terre, puis coupez-les en rondelles de 3 mm d'épaisseur. Dégermez, puis écrasez les gousses d'ail sans les peler. Dans une casserole, mettez les rondelles de pomme de terre et 2 gousses d'ail écrasées. Versez la crème liquide, portez à ébullition, puis laissez cuire environ 25 minutes, en veillant à ce que les pommes de terre n'accrochent pas et en remuant souvent.

Préparez la morue. Mettez-la à cuire dans une autre casserole avec le thym, le laurier, les gousses d'ail écrasées restantes, l'anis étoilé et le lait. Portez à ébullition, couvrez, puis éteignez le feu et laissez cuire environ 10 minutes.

Retirez le poisson de la casserole, ainsi que les gousses d'ail cuites avec les pommes de terre, puis mélangez la morue avec les pommes de terre à la crème. Rectifiez l'assaisonnement, surtout en poivre.

Préparez la salade d'artichaut. À l'aide d'un petit couteau, épluchez la queue des artichauts, puis tournez les fonds et coupez-les en fines lamelles. Lavez et effeuillez le basilic. Hachez la truffe. Dans un saladier, mélangez les lamelles d'artichaut, le basilic, le jus de citron et l'huile d'olive, salez, poivrez et ajoutez la truffe hachée.

Dans chaque assiette, disposez joliment la brandade à l'aide d'un cercle à pâtisserie, chapeautez-la de salade d'artichaut à la truffe, arrosez d'un filet d'huile d'olive et dégustez aussitôt.

> **Truc de chef**
Tourner un fond d'artichaut consiste à araser le fond à l'aide d'un couteau pour enlever toutes les feuilles, puis le cône central de petites feuilles tendres et le foin.

*Le thon est l'un des poissons que je préfère travailler car on peut l'accommoder en entrée ou en plat, cru ou cuit, relevé ou pas. Ce poisson apporte une telle diversité à la cuisine qu'il fait complètement partie de mon paysage gastronomique.*

# Thon rouge de Méditerranée servi bleu, oignons nouveaux et fenouil aux olives de Nice

POUR 4 PERSONNES
PRÉPARATION : 20 min
CUISSON : 30 min environ

- 4 cœurs de filet de thon de 160 à 180 g
- 2 pincées de piment d'Espelette en poudre
- 1 botte d'oignons nouveaux
- 2 bulbes de fenouil
- 1 gousse d'ail
- 20 g d'olives noires de Nice
- 7 cuill. à soupe d'huile d'olive
- 2 cuill. à soupe de pesto de basilic (voir recette p. 34)
- fleur de sel
- sel et poivre du moulin

Sortez le thon du réfrigérateur au moins 1 heure avant de le préparer.

Assaisonnez les pavés de thon de sel, de poivre et de piment d'Espelette, puis réservez-les dans la partie la plus chaude de la cuisine.

Épluchez les oignons nouveaux, retirez les premières feuilles du fenouil, si nécessaire, et épluchez la gousse d'ail. À l'aide d'une mandoline, émincez chacun de ces légumes sans les mélanger. Dénoyautez, puis hachez sommairement les olives noires.

Dans une cocotte à fond épais, faites chauffer 1 cuillerée à soupe d'huile d'olive, puis faites suer les oignons et l'ail émincés environ 10 minutes. Ajoutez les trois quarts du fenouil et faites cuire à couvert à nouveau 10 minutes. Ajoutez les olives hachées et le pesto de basilic, puis rectifiez l'assaisonnement.

Dans une poêle antiadhésive, faites chauffer 1 cuillerée à soupe d'huile d'olive, puis faites revenir les pavés de thon vivement et rapidement sur toutes leurs faces. Retirez-les de la poêle, laissez-les reposer 3 ou 4 minutes, puis coupez-les en deux.

Sur un plat de service, disposez le fenouil confit aux olives, puis déposez les pavés de thon. Ajoutez le fenouil cru assaisonné du reste d'huile d'olive et de fleur de sel et dégustez aussitôt.

> Conseil pratique

La réussite de cette recette dépend beaucoup des cuissons. Le fenouil doit être cuit tout en restant croquant et le thon doit être cru et rouge à cœur, mais chaud.

> Suggestion du chef

Servez ces pavés de thon accompagnés d'un blanc de la vallée du Rhône, tel qu'un cairanne ou un vacqueyras.

*Si votre budget vous le permet, ajoutez de la truffe hachée avant de recouvrir les pommes de terre de comté ; vous obtiendrez un plat exquis.*

# Boulangère de blanc de cabillaud au jambon d'Espagne

**POUR 4 PERSONNES**
**PRÉPARATION :** 25 min
**CUISSON :** de 50 à 55 min

- 4 pavés de cabillaud assez épais, de 200 g chacun, sans arêtes
- 1 kg de pommes de terre charlottes
- 3 tranches de jambon d'Espagne, type Serrano ou Patanegra
- 50 g de vieux comté
- 2 oignons
- 1 gousse d'ail
- 80 g de beurre
- 1 branche de thym
- 1 feuille de laurier
- 20 cl de bouillon de volaille
- 1 cuill. à soupe d'huile d'olive
- 1/2 botte de ciboulette
- fleur de sel
- sel et poivre du moulin

Épluchez les pommes de terre, lavez-les, puis coupez-les en rondelles de 6 ou 7 mm d'épaisseur. Taillez la moitié du jambon en fine julienne et le comté en lamelles.

Épluchez et émincez le plus finement possible les oignons et l'ail, puis faites-les suer environ 20 minutes, tout doucement et sans les faire colorer, dans un sautoir avec 60 g de beurre. Ajoutez les rondelles de pommes de terre, le thym et le laurier, mélangez bien, puis mouillez avec le bouillon de volaille, salez légèrement et laissez cuire de 20 à 25 minutes.

Lorsque les pommes de terre sont cuites, versez le tout dans un plat à four, rectifiez l'assaisonnement, puis recouvrez de lamelles de comté et de julienne de jambon.

Préchauffez le four à 180 °C (therm. 6).

Dans une poêle antiadhésive, faites chauffer l'huile d'olive, puis faites cuire les pavés de cabillaud 3 minutes côté peau. Retournez-les, ajoutez le reste de beurre, puis passez la poêle au four 2 ou 3 minutes pour finir la cuisson.

Lavez et ciselez la ciboulette. Passez le plat avec les pommes de terre au four 4 ou 5 minutes pour faire fondre le comté, puis disposez les pavés de cabillaud et le reste de jambon sur la boulangère de pomme de terre. Parsemez de ciboulette ciselée et de fleur de sel, puis servez très chaud.

> **Conseil pratique**
Une fois coupées en rondelles, ne lavez plus les pommes de terre ; vous élimineriez l'amidon qui sert à lier la boulangère.

RÉGALADE ENTRE AMIS • 63

*Le saumon est un poisson qui se mange à peine cuit et qui demande un assaisonnement poussé pour que son goût ressorte bien ; le piment d'Espelette, parfumé sans être trop fort, est idéal.*

# Pavés de saumon mi-cuits au chou vert braisé

**POUR 4 PERSONNES**
**PRÉPARATION :** 20 min
**CUISSON :** de 25 à 30 min

- 4 pavés de saumon dans le cœur assez épais, de 200 g chacun, sans la peau
- 7 cuill. à soupe d'huile d'olive
- 1 cuill. à café de piment d'Espelette en poudre
- fleur de sel de Guérande
- poivre noir en grains

### Pour le chou braisé
- 1/2 chou vert frisé
- 1 oignon
- 2 carottes
- 1 gousse d'ail
- 80 g de beurre
- 20 cl de bouillon de volaille
- sel et poivre du moulin

Déposez les pavés de saumon dans un plat à four, badigeonnez-les généreusement d'huile d'olive et de piment d'Espelette. Parsemez de fleur de sel et réservez le plus près possible de la cuisinière. Retournez-les régulièrement pour bien faire mariner les deux faces.

Préchauffez le four à 180 °C (therm. 6).

Retirez les premières feuilles du demi-chou et faites-les blanchir 2 ou 3 minutes dans un grand faitout d'eau bouillante salée, puis plongez-les immédiatement dans de l'eau glacée. Égouttez-les et épongez-les dans un linge.

Préparez le chou braisé. Épluchez l'oignon et les carottes, puis taillez-les en petits dés. Épluchez, dégermez et écrasez la gousse d'ail. Émincez finement le reste du demi-chou en lamelles de 5 mm de large, puis faites-les blanchir 1 minute dans l'eau bouillante salée et plongez-les immédiatement dans l'eau glacée. Égouttez-les.

Dans une cocotte en fonte, faites fondre le beurre, ajoutez les carottes, l'oignon et l'ail. Faites revenir 3 ou 4 minutes, puis ajoutez les lamelles de chou blanchies. Faites suer 2 ou 3 minutes, mouillez avec le bouillon de volaille et laissez cuire doucement à couvert 10 minutes. Découvrez et faites cuire encore 3 ou 4 minutes. Rectifiez l'assaisonnement et réservez au chaud.

Enfournez les pavés de saumon et faites-les cuire 2 minutes. Retournez-les, puis remettez-les à cuire encore 2 minutes. Retirez le plat du four et laissez reposer 4 ou 5 minutes pour que le saumon finisse de confire.

Déposez les pavés de saumon sur une planche et coupez-les délicatement, en deux dans la longueur, avec un couteau à lame fine et affûtée. Le saumon doit être mi-cuit, mi-cru à cœur et très fondant. Parsemez de fleur de sel et de quelques grains de poivre noir écrasés.

Déposez les feuilles de chou vert blanchies sur un plat chaud, disposez le chou braisé, puis les cœurs de saumon. Servez aussitôt.

> ### Truc de chef
**Plonger les feuilles de chou juste blanchies dans l'eau glacée permet de fixer la chlorophylle et de garder une belle couleur verte.**

*L'un des avantages de ces papillotes de poissons, c'est que vous pouvez les préparer à l'avance et les laisser cuire sans surveillance particulière.*

# Papillotes de poissons aux tomates et au basilic

**POUR 2 PERSONNES**
**PRÉPARATION :** 25 min
**CUISSON :** 10 min environ

- 2 pavés de saint-pierre de 80 g chacun
- 2 pavés de dorade grise sauvage de 80 g chacun
- 2 pavés de bar de 80 g chacun
- 2 tomates
- 2 carottes nouvelles
- 1 botte de basilic
- 1 citron
- 10 cl de vin blanc
- 7 cuill. à soupe d'huile d'olive
- sel et poivre du moulin

**Pour la colle à papillote**
- 50 g de farine
- 1 blanc d'œuf

Pelez les tomates, coupez-les en quatre, épépinez-les et recoupez chaque quartier en deux. Épluchez les carottes, faites-les blanchir 2 minutes dans une casserole d'eau bouillante salée, puis plongez-les dans de l'eau glacée. Coupez-les en biseau. Lavez et effeuillez le basilic. Pressez le citron. Salez et poivrez les pavés de poisson.

Préparez la colle à papillote en mixant la farine avec le blanc d'œuf.

Préchauffez le four à 210 °C (therm. 7).

Préparez les papillotes. Prenez une feuille de papier sulfurisé de 40 cm x 60 cm, déposez 1 pavé de chacun des poissons sur la première moitié de la feuille. Disposez la moitié des carottes, des pétales de tomate et des feuilles de basilic, arrosez de la moitié du jus de citron, du vin blanc et de l'huile d'olive, puis poivrez. Rabattez la deuxième moitié de la feuille de papier sur la garniture, puis, à l'aide d'un pinceau, encollez les bords et fermez la papillote. Encollez à nouveau les bords de la feuille et repliez-les sur eux-mêmes sur 1 cm de large. Renouvelez l'encollage encore une fois. Procédez de la même manière pour la seconde papillote.

Déposez les papillotes dans la lèchefrite du four et, sur feu vif, faites bouillir les liquides qu'elles contiennent 1 minute, puis enfournez et faites cuire 3 ou 4 minutes. Les papillotes vont gonfler et se tendre.

Sortez la lèchefrite du four, déposez les papillotes de poisson sur des assiettes et servez aussitôt.

> **Conseils pratiques**
Les différents encollages des papillotes sont nécessaires pour permettre une bonne étanchéité pendant la cuisson.

Attention au moment d'ouvrir la papillote ; la vapeur chaude risque de sortir d'un coup.

> **Suggestion du chef**
Agrémentez cette recette de poudre de curry, de coriandre fraîche ou encore de zestes d'orange et d'olives noires.

*Le merlan est un poisson très fin.
Recouvert d'une couche de chapelure, il devient
très croustillant, pour le plus grand plaisir des enfants.*

# Filets de merlan panés pour Camille

**POUR 4 PERSONNES
PRÉPARATION** : 10 min
**CUISSON** : 8 min environ

- 4 filets de merlan très épais de 150 g chacun
- 1 œuf
- 80 g de farine
- 80 g de chapelure
- 1 cuill. à soupe d'huile d'arachide
- 1 noix de beurre
- sel et poivre du moulin

Enveloppez chaque filet de merlan de film alimentaire, puis aplatissez-les légèrement à l'aide d'un rouleau à pâtisserie.

Cassez l'œuf dans une assiette creuse et battez-le à la fourchette. Déposez la farine et la chapelure dans deux autres assiettes creuses. Salez et poivrez les filets de merlan, puis trempez-les successivement dans la farine, dans l'œuf, puis dans la chapelure. Tapotez-les pour éliminer l'excédent de chapelure.

Dans une poêle antiadhésive, faites chauffer l'huile d'arachide et le beurre, puis déposez les filets de merlan et faites-les cuire 5 ou 6 minutes, tout doucement pour ne pas faire brûler la chapelure. Retirez-les de la poêle, égouttez-les sur du papier absorbant et servez aussitôt.

*On ne pense pas assez aux lentilles vertes du Puy. Pourtant, cuites dans un bon bouillon de volaille avec une garniture aromatique, elles sont parfaites pour accompagner un lieu jaune.*

# Tournedos de lieu jaune au lard croustillant, servi en cocotte

**POUR 4 PERSONNES**
**PRÉPARATION :** 15 min
**CUISSON :** de 55 min à 1 h 05

### Pour les tournedos
- 1 pavé de lieu jaune de ligne épais de 800 g, sans la peau
- 12 à 14 tranches de poitrine fumée de cochon fermier de 2 mm d'épaisseur
- 2 cuill. à soupe d'huile d'olive
- 20 g de beurre
- 1 botte de persil plat
- fleur de sel de Guérande
- sel et poivre du moulin

### Pour les lentilles
- 250 g de lentilles vertes du Puy
- 1 oignon
- 1 carotte
- 1 gousse d'ail
- 20 g de beurre
- 20 cl de bouillon de volaille
- 1 branche de thym
- 1 feuille de laurier

Préparez les lentilles. Épluchez, puis émincez l'oignon, taillez la carotte en dés et écrasez l'ail. Dans une cocotte à fond épais, faites fondre le beurre, puis ajoutez l'oignon émincé, les dés de carotte et la gousse d'ail écrasée. Faites suer environ 10 minutes sans laisser colorer. Versez les lentilles et faites-les suer 2 minutes. Mouillez avec le bouillon de volaille, ajoutez le thym et le laurier et laissez cuire de 25 à 35 minutes à frémissement. Salez seulement après 20 minutes de cuisson.

Préparez les tournedos. Sur un film alimentaire, disposez les tranches de poitrine fumée en les superposant légèrement, puis poivrez-les. Salez le pavé de lieu jaune, posez-le sur les tranches de poitrine, puis à l'aide du film, enroulez le lieu jaune dans la poitrine fumée. Retirez le film, puis ficelez le tout comme un rôti.

Dans une poêle antiadhésive, faites chauffer l'huile d'olive, puis faites colorer le rôti 5 ou 6 minutes sur toutes ses faces. Ajoutez le beurre et poursuivez la cuisson 5 minutes tout en arrosant le rôti du jus de cuisson.

Lavez et ciselez le persil plat. Retirez le rôti de lieu jaune de la poêle, laissez-le reposer environ 5 minutes, puis, à l'aide d'un couteau bien affûté, coupez-le en 4 tournedos. Faites réchauffer les lentilles, rectifiez l'assaisonnement, si nécessaire. Déposez les tournedos dans la cocotte et servez-les parsemés de persil plat ciselé et de fleur de sel.

> Conseil pratique

Ne salez pas les lentilles en début de cuisson mais aux trois quarts ; le sel les empêcherait de cuire.

> Suggestion du chef

Dégustez ces tournedos de lieu jaune au lard accompagnés d'un rouge de Loire comme un chinon ou un bourgueil.

*Selon vos envies, vous pouvez présenter le tartare les ingrédients déjà mélangés ou bien séparés les uns des autres, pour un effet visuel coloré et ludique. C'est selon votre goût, mais surtout prenez le temps de couper finement le bœuf au couteau ; sa saveur et sa texture en seront incomparables.*

# Mon tartare de bœuf au couteau

**POUR 4 PERSONNES**
**PRÉPARATION : 25 min**

- 800 g de queue de filet de bœuf
- 2 oignons doux de Saint-André
- 1/2 botte de persil
- 1 botte de ciboulette
- 6 cornichons
- 20 g de câpres
- 4 cuill. à café de Worcestershire sauce
- 4 cuill. à café de ketchup
- quelques gouttes de sauce piquante
- 4 jaunes d'œuf
- fleur de sel
- sel et poivre du moulin

À l'aide d'un couteau bien affûté, taillez les queues de filet de bœuf en dés de 3 mm de côté.

Épluchez et émincez les oignons. Lavez, épongez et hachez finement le persil et la ciboulette. Hachez les cornichons et les câpres. Mélangez le tout avec la viande, ajoutez la Worcestershire sauce, le ketchup et la sauce piquante, selon votre goût. Rectifiez l'assaisonnement, si nécessaire.

Présentez le tartare en portions dans 4 assiettes, déposez un jaune d'œuf sur chacun ainsi qu'une pincée de fleur de sel.

> Suggestion du chef
Accompagnez ce tartare de cœurs de salade sucrine avec une vinaigrette très relevée et des pommes allumettes frites.

*Voici une version personnelle des tomates farcies. Le bœuf miroton, cuit tout doucement avec des oignons, est parfait pour farcir des tomates du jardin bien goûteuses et bien juteuses.*

# Mes tomates farcies au bœuf miroton

**POUR 6 PERSONNES**
**PRÉPARATION :** 20 min
**CUISSON :** de 2 h à 2 h 30
pour le bœuf miroton
+ 30 min pour les tomates

- 12 belles grosses tomates bien mûres
- 7 cuill. à soupe d'huile d'olive
- 12 gousses d'ail rose
- 6 branches de thym
- sel et poivre du moulin

**Pour le bœuf miroton**
- 1 paleron de bœuf de Corrèze d'environ 1 kg
- 3 oignons
- 1 échalote
- 4 gousses d'ail
- 1 cuill. à soupe d'huile d'arachide
- 1 branche de thym
- 1 feuille de laurier
- 20 cl de vin blanc
- 50 cl de bouillon de volaille

Préchauffez le four à 160 °C (therm. 5-6).

Préparez le bœuf miroton. Épluchez, puis émincez les oignons et l'échalote, et écrasez les gousses d'ail. Coupez le paleron de bœuf en dés de 3 cm de côté, puis salez et poivrez.

Dans une cocotte en fonte allant au four, faites chauffer l'huile d'arachide, puis faites colorer le paleron. Ajoutez la garniture aromatique et faites suer 10 minutes. Déglacez avec le vin blanc, faites réduire à sec, puis mouillez avec le bouillon de volaille et portez à ébullition. Enfournez et laissez cuire de 1 heure 30 à 2 heures. La viande doit être moelleuse et nappée de jus de cuisson. Retirez la cocotte du four et réservez.

Préparez les tomates farcies. Coupez le chapeau des tomates, puis creusez-les à l'aide d'une cuillère. Salez et poivrez, puis remplissez-les de bœuf miroton, d'oignons confits et de jus. Placez les tomates dans un plat à four, disposez les chapeaux sur chacune et arrosez d'huile d'olive. Répartissez les gousses d'ail rose en chemise et les branches de thym, puis poivrez, enfournez et laissez cuire 30 minutes.

Retirez les tomates farcies du four et servez-les dans le plat de cuisson.

> **Suggestion du chef**
Vous pouvez accompagner les tomates farcies d'une bonne salade verte assaisonnée d'un peu d'ail haché et de ciboulette.

*Ce plat d'hiver est idéal pour un repas en famille. Vous pouvez remplacer les joues de bœuf par du paleron de bœuf, mais, dans ce cas, laissez-le entier.*

# Joues de bœuf braisées comme un bourguignon

**POUR 4 PERSONNES**
**MARINADE** : 24 h
**PRÉPARATION** : 50 min
**CUISSON** : 5 h 40 environ pour le bœuf
+ 50 min environ pour la garniture

- 4 belles joues de bœuf coupées en deux
- 1 cuill. à soupe d'huile d'arachide
- 1 botte de persil
- 20 g de beurre
- 20 g de farine
- 50 cl de bon vin rouge corsé
- sel et poivre du moulin

**Pour la marinade**
- 1 oignon
- 8 échalotes
- 2 carottes
- 2 gousses d'ail
- 1 branche de thym
- 1 feuille de laurier
- 12 grains de poivre noir
- 1,5 l de bon vin rouge corsé

**Pour la garniture**
- 200 g de champignons de Paris
- le jus de 1/2 citron
- 40 g de beurre
- 12 carottes nouvelles
- 10 g de sucre
- 25 cl de bouillon de volaille
- 120 g de lardons fumés
- 1 cuill. à café d'huile d'arachide

**La veille.** Préparez la marinade. Épluchez, puis coupez l'oignon et les échalotes en six et taillez les carottes en rondelles. Écrasez les gousses d'ail sans les peler. Dans un grand plat, déposez les joues de bœuf avec la garniture aromatique. Couvrez le tout de vin rouge à hauteur et laissez mariner 24 heures.

**Le jour même.** Préchauffez le four à 150 °C (therm. 5).

Égouttez les joues de bœuf et la garniture aromatique en les séparant et en gardant le vin aromatisé. Salez et poivrez la viande. Dans une cocotte en fonte allant au four, faites chauffer l'huile d'arachide, puis faites colorer les joues de bœuf de 6 à 10 minutes sur toutes leurs faces. Retirez les joues de la cocotte.

Dégraissez la cocotte, puis sur feu doux, faites suer la garniture aromatique égouttée environ 10 minutes avec le beurre. Ajoutez les joues de bœuf et la farine, puis faites revenir 4 minutes. Déglacez avec le vin rouge, faites réduire à sec, puis mouillez avec le vin rouge de la marinade et portez à ébullition. Couvrez, puis enfournez et laissez cuire au moins 4 heures.

Retirez les joues de la cocotte et réservez. Sur le feu, faites réduire le jus de cuisson d'un quart environ, puis passez la sauce au chinois. Rectifiez l'assaisonnement, puis remettez les joues de bœuf dans la sauce et laissez mijoter 1 heure à feu très doux.

Préparez la garniture. Coupez la partie terreuse des champignons, lavez-les, citronnez-les, coupez-les en six, puis faites-les cuire 5 minutes dans une poêle avec la moitié du beurre. Salez et poivrez.

Épluchez les carottes et coupez-les en biseau de 1 cm d'épaisseur. Dans un sautoir, faites fondre le reste de beurre, puis ajoutez les carottes et le sucre et faites suer 2 minutes. Mouillez avec le bouillon de volaille et laissez cuire de 10 à 12 minutes, jusqu'à évaporation totale du bouillon.

Faites blanchir les lardons, puis refroidissez-les à l'eau froide et égouttez-les. Dans une poêle, faites chauffer l'huile d'arachide, puis faites colorer les lardons. Égouttez-les sur du papier absorbant.

Lavez et ciselez le persil. Portez les joues de bœuf à ébullition, ajoutez la garniture, parsemez le tout de persil ciselé et servez.

*Pour soigner la présentation de ces lasagnes, j'utilise des cercles à pâtisserie de 10 cm de diamètre.*

# Lasagnes de La Régalade

**POUR 4 PERSONNES**
**PRÉPARATION :** 15 min
**CUISSON :** 4 h environ
pour les joues de bœuf
+ 15 min environ
pour la béchamel
+ 1 h 35 environ
pour les lasagnes

- 12 feuilles de pâte à lasagne de 10 cm x 10 cm
- 3 oignons
- 3 gousses d'ail
- 60 g de beurre
- 7 cuill. à soupe d'huile d'olive
- 6 tomates fraîches
- 1 kg d'épinards frais
- 2 échalotes
- 250 g de champignons de Paris
- le jus de 1/2 citron
- 60 g de parmesan
- sel et poivre du moulin

### Pour les joues de bœuf
- 2 belles joues de bœuf
- 2 gros oignons
- 1 poireau
- 1 branche de céleri
- 4 carottes
- 2 navets ronds
- 1 poignée de gros sel
- 2 branches de thym
- 1 feuille de laurier

### Pour la béchamel
- 80 g de beurre
- 60 g de farine
- 1 l de lait
- 1 pincée de noix de muscade râpée

Préparez les joues de bœuf. Épluchez, lavez et coupez les légumes. Déposez les joues de bœuf dans un faitout, recouvrez-les d'eau et portez à ébullition. Écumez, salez au gros sel. Ajoutez les légumes coupés, le thym et le laurier, et laissez cuire à frémissement environ 4 heures.

Préchauffez le four à 150 °C (therm. 5).

Épluchez les oignons et l'ail, puis émincez-les finement. Dans un sautoir, faites fondre 20 g de beurre et l'huile d'olive, puis faites suer les oignons et l'ail environ 20 minutes. Mondez les tomates, épépinez-les, coupez-les en dés et mettez-les dans le sautoir. Enfournez et faites cuire environ 20 minutes. Ajoutez-y les joues de bœuf effilochées et laissez cuire encore 20 minutes. Réservez.

Préparez la béchamel. Dans une casserole sur feu très doux, faites fondre le beurre, puis ajoutez la farine et laissez cuire 2 minutes. Versez le lait, salez, poivrez et saupoudrez de noix de muscade. Laissez cuire environ 10 minutes. Tamponnez de beurre et réservez.

Équeutez les épinards, épluchez et émincez les échalotes, puis faites tomber le tout dans une casserole avec 20 g de beurre. Salez et poivrez. Coupez la partie terreuse des champignons, lavez-les, citronnez-les, coupez-les en dés, puis poêlez-les 5 minutes avec le reste de beurre. Salez et poivrez. Râpez le parmesan.

Portez une casserole d'eau salée à ébullition. Plongez-y les feuilles de lasagne 2 ou 3 minutes, puis refroidissez-les dans de l'eau glacée. Égouttez-les, puis réservez-les sur un linge humide.

Augmentez la température du four à 220 °C (therm. 7-8).

Assemblez les lasagnes. Dans un grand plat, déposez une feuille de lasagne, recouvrez-la de béchamel, puis d'épinards, de joue de bœuf à la tomate, de champignons et à nouveau de béchamel. Recouvrez d'une deuxième feuille de lasagne et recommencez l'opération jusqu'à épuisement des ingrédients. Finissez par une feuille de pâte, nappée de béchamel et parsemée de parmesan râpé. Enfournez et laissez cuire environ 20 minutes. Servez chaud.

> **Trucs de chef**
Monder les tomates consiste à les peler après les avoir ébouillantées et refroidies à l'eau froide.

Tamponner une préparation de beurre consiste à passer un morceau de beurre à sa surface pour la couvrir d'une fine pellicule de gras et éviter la formation d'une peau.

*Ce fameux hachis Parmentier à la truffe est un clin d'œil à Jean-Pierre Vigato, chef du restaurant Apicius où j'ai fait mes classes durant trois années.*

# Hachis Parmentier façon Apicius

**POUR 6 PERSONNES**
**PRÉPARATION :** 50 min
**CUISSON :** 4 h 50 environ
pour les viandes
+ de 50 min à 1 h
pour le hachis

- 1 kg de pommes de terre rattes
- 5 gros oignons
- 3 gousses d'ail
- 200 g de beurre
- 25 cl de lait
- 1 botte de persil plat
- truffe noire selon convenance
- 50 g de chapelure
- sel et poivre du moulin

### Pour le pot-au-feu
- 2 joues de bœuf
- 1/2 paleron de bœuf
- 1 queue de bœuf
- 1 poignée de gros sel
- 2 gros oignons
- 1 poireau
- 1 branche de céleri
- 4 carottes
- 2 navets ronds
- 1/4 de chou frisé

Préparez les viandes comme pour un pot-au-feu. Déposez-les dans un grand faitout, recouvrez-les d'eau froide et portez à ébullition. Écumez, salez au gros sel et laissez cuire environ 2 heures. Épluchez, lavez et coupez les légumes, puis ajoutez-les et laissez cuire à frémissement encore 2 heures.

Épluchez les gros oignons et l'ail, puis émincez-les finement. Dans un sautoir, faites mousser 100 g de beurre, puis ajoutez les oignons et l'ail émincés et faites-les cuire de 25 à 30 minutes en remuant régulièrement, jusqu'à ce qu'ils soient légèrement caramélisés. Salez et poivrez.

Dégraissez et désossez les viandes, puis mettez-les dans le confit d'oignon et faites cuire environ 10 minutes, jusqu'à ce que la viande commence à accrocher au sautoir. Mouillez à mi-hauteur avec le jus de cuisson du pot-au-feu et laissez mijoter environ 30 minutes.

Préparez la purée. Épluchez et lavez les pommes de terre, puis faites-les cuire environ 20 minutes dans une grande casserole d'eau salée. Égouttez-les et passez-les au presse-purée. Faites tiédir le lait. Remettez la purée obtenue dans la grande casserole, travaillez-la 2 minutes pour la sécher, incorporez le reste de beurre, puis le lait tiède. Rectifiez l'assaisonnement si nécessaire et mélangez bien.

Préchauffez le four à 210 °C (therm. 7).

Lavez et ciselez le persil plat. Hachez la truffe. Rectifiez l'assaisonnement de la viande, ajoutez le persil ciselé et un peu de truffe hachée. Incorporez le reste de truffe hachée dans la purée de pomme de terre.

Versez la moitié de la purée dans un plat à gratin, puis ajoutez la viande avec son jus de cuisson et recouvrez avec le reste de purée. Lissez à l'aide d'une spatule, saupoudrez de chapelure, puis enfournez et laissez gratiner 4 ou 5 minutes. Servez chaud.

> **Suggestion du chef**
> À la sortie du four, vous pouvez râper de la truffe fraîche, s'il vous en reste, et déguster ce hachis Parmentier avec un grand vin de Bordeaux.

*Cette recette ultrasimple donne une viande d'une incroyable tendreté. Vous pouvez remplacer la marjolaine par du thym serpolet.*

# Carré de veau de Corrèze cuisiné à la marjolaine

**POUR 4 PERSONNES**
**PRÉPARATION :** 15 min
**CUISSON :** de 1 h 10 à 1 h 15

- 1 carré de veau de 1 kg manchonné + les parures coupées en petits morceaux
- 3 échalotes
- 1 botte de marjolaine
- fleur de sel de Guérande
- poivre du moulin
- 3 cuill. à soupe d'huile d'arachide
- 8 gousses d'ail
- 80 g de beurre

Sortez la viande au moins 2 heures avant de la cuire.

Préchauffez le four à 180 °C (therm. 6).

Épluchez et coupez les échalotes en six. Lavez et effeuillez la marjolaine. Frottez le carré de veau avec la fleur de sel, le poivre et la moitié de la marjolaine.

Dans une cocotte allant au four, faites chauffer l'huile, puis déposez le carré de veau et faites-le dorer sur toutes ses faces, tout doucement. Retirez-le et faites colorer les parures. Ajoutez les quartiers d'échalotes, les gousses d'ail en chemise et le reste de marjolaine, puis remettez le carré de veau dans la cocotte, enfournez et laissez cuire environ 25 minutes en arrosant fréquemment. Ajoutez le beurre coupé en petits dés et poursuivez la cuisson de 10 à 15 minutes, toujours en arrosant.

Lorsque le carré est cuit, retirez-le de la cocotte et mettez-le sur une grille. Recouvrez-le d'une feuille d'aluminium et réservez-le.

Dégraissez la cocotte aux trois quarts, puis enfournez à nouveau et finissez de faire colorer les parures 5 minutes. Sortez la cocotte du four et retirez les parures. Déglacez avec 20 cl d'eau froide et portez à ébullition. Laissez frémir le jus 10 minutes environ, puis passez-le au chinois.

Coupez le carré de veau entre chaque côte et servez-le avec les parures dorées, le jus et la garniture.

### > Conseil pratique
Le temps de repos de la viande, sur une grille, à la sortie du four, permet au sang de se répartir dans la chair et d'obtenir cette belle couleur rose à la coupe.

### > Suggestion du chef
Vous pouvez accompagner ce carré de veau de carottes nouvelles fondantes roulées dans le jus de cuisson.

*Pour réussir ce plat savoureux, cuisinez-le au début du mois de septembre, quand les tomates sont gorgées de jus et de soleil.*

# Paleron de veau de Corrèze braisé à la tomate et au basilic

**POUR 4 PERSONNES**
**PRÉPARATION** : 30 min
**CUISSON** : de 2 h 10 à 2 h 40

- 1 paleron de veau de Corrèze d'environ 1,2 kg
- 12 tomates bien mûres
- 1 cuill. à soupe de fleur de sel de Guérande
- 2 carottes
- 1 oignon
- 2 échalotes
- 1 branche de céleri
- 6 gousses d'ail
- 1 botte de basilic
- 1 cuill. à soupe d'huile d'arachide
- 1 branche de thym
- 1 feuille de laurier
- 2 cuill. à soupe de concentré de tomate
- 20 cl de vin blanc
- 50 cl de bouillon de volaille ou de légumes
- 15 g d'olives noires dénoyautées
- sel et poivre du moulin

Mondez les tomates, puis coupez-les en quatre, épépinez-les et coupez la chair en dés. Mettez-les dans un saladier avec la fleur de sel et laissez dégorger. Réservez bien la peau et les intérieurs des tomates.

Épluchez et coupez les carottes en dés. Épluchez et émincez l'oignon, les échalotes et le céleri. Écrasez les gousses d'ail sans les peler. Effeuillez le basilic et réservez les tiges.

Préchauffez le four à 150 °C (therm. 5).

Salez et poivrez la viande. Dans une cocotte en fonte allant au four, faites chauffer l'huile d'arachide, puis faites colorer le paleron sur toutes ses faces. Retirez-le de la cocotte, ajoutez les légumes, le thym et le laurier, puis faites suer 10 minutes à feu doux. Versez le concentré de tomate, faites revenir 5 minutes, puis ajoutez le paleron coloré, les parures des tomates et les queues de basilic réservées. Déglacez avec le vin blanc, faites réduire à sec, puis mouillez avec le bouillon de volaille qui doit couvrir la moitié du paleron de veau. Enfournez et laissez cuire de 1 heure 30 à 2 heures.

Retirez le paleron moelleux à cœur de la cocotte. Passez la sauce au chinois en foulant fortement pour récupérer le maximum de jus de cuisson, puis faites réduire celui-ci de moitié. Égouttez les dés de tomate, ciselez les feuilles de basilic et coupez les olives en rondelles. Incorporez le tout au jus réduit et rectifiez l'assaisonnement.

Coupez le paleron en 4 tronçons, posez-les dans un plat de service, et nappez-les de jus en prenant soin de déposer des dés de tomate et du basilic sur chaque morceau de viande.

> Trucs de chef
Monder les tomates consiste à les peler après les avoir ébouillantées et rafraîchies à l'eau froide.

Fouler la sauce consiste à la passer à travers un chinois ou une étamine en la comprimant à l'aide d'une petite louche ou d'une spatule en bois.

> Suggestion du chef
Accompagnez ce veau braisé d'une purée de pomme de terre à l'huile d'olive et au basilic.

*Lorsque le veau n'a connu que le lait de sa mère, le foie prend un goût très délicat et un grain très fin.*

# Foie de veau de Corrèze épais piqué à la sauge

**POUR 4 PERSONNES**
**PRÉPARATION** : 10 min
**CUISSON** : de 15 à 20 min

- 4 tranches de foie de veau de 160 à 180 g chacune
- 12 feuilles de sauge
- 1 cuill. à soupe d'huile d'arachide
- 60 g de beurre frais demi-sel
- 4 échalotes
- 10 cl de vinaigre de vin vieux
- 15 cl de jus de viande (récupéré de la cuisson d'un rôti, par exemple)
- sel et poivre du moulin

À l'aide d'un couteau pointu, pratiquez trois petites incisions sur chaque tranche de foie, puis glissez-y les feuilles de sauge. Salez et poivrez.

Dans une poêle, faites chauffer l'huile d'arachide et le beurre, puis déposez les tranches de foie et faites-les cuire de 6 à 10 minutes, tout doucement, selon votre goût de cuisson. Retirez-les de la poêle.

Épluchez les échalotes et émincez-les dans la longueur. Augmentez le feu, mettez les échalotes dans la poêle et faites-les suer 5 minutes. Déglacez avec le vinaigre de vin vieux et faites réduire à sec. Ajoutez le jus de viande, portez à ébullition, puis déposez les tranches de foie de veau et nappez-les de sauce. Servez aussitôt.

> Conseil pratique
Pour avoir toujours un peu de jus de viande disponible, récupérez le jus d'un rôti de bœuf ou d'un poulet, par exemple, et mettez-le à congeler.

> Suggestion du chef
Accompagnez ce foie de veau d'une bonne purée de pomme de terre.

*La poitrine de veau est moins noble que le carré ou le filet, mais elle est sûrement très savoureuse et son jus de cuisson est exceptionnel.*

# Poitrine de veau confite et laquée, légumes de printemps

**POUR 6 PERSONNES**
**PRÉPARATION** : 40 min
**CUISSON** : 2 h 45 environ
pour la viande
+ 20 min environ
pour les légumes

- 1 poitrine de veau de Corrèze d'environ 1,6 kg, assaisonnée, roulée et ficelée par le boucher
- les parures coupées en petits morceaux
- fleur de sel de Guérande
- 3 échalotes
- 2 carottes
- 3 cuill. à soupe d'huile d'arachide
- 8 gousses d'ail
- 3 branches de thym
- 20 cl de vin blanc
- sel et poivre du moulin

### Pour les légumes de printemps
- 200 g de pousses d'épinard
- 6 carottes nouvelles
- 12 navets nouveaux
- 300 g de pois gourmands
- 12 pointes d'asperges vertes
- 80 g de beurre

Sortez la viande du réfrigérateur au moins 2 heures avant de la cuire.

Préchauffez le four à 160 °C (therm. 5-6).

Frottez la poitrine de veau avec la fleur de sel et du poivre. Épluchez, puis coupez les échalotes en six et taillez les carottes en dés. Dans une cocotte allant au four, faites chauffer l'huile d'arachide, puis faites dorer la poitrine sur toutes ses faces à feu doux. Retirez-la de la cocotte, mettez les parures et faites-les colorer sur feu vif. Ajoutez les gousses d'ail en chemise, l'échalote, les dés de carotte et le thym, puis faites suer le tout 7 ou 8 minutes.

Posez la poitrine de veau sur la garniture, déglacez avec le vin blanc et décollez bien les sucs de caramélisation à l'aide d'une spatule. Faites réduire à sec, puis mouillez la poitrine d'eau à mi-hauteur et portez à ébullition. Couvrez d'une feuille d'aluminium, puis enfournez et laissez cuire environ 2 heures en arrosant fréquemment.

Déposez la poitine de veau sur une grille, couvrez-la d'une feuille d'aluminium et réservez-la. Dégraissez le bouillon, puis portez-le à ébullition. Faites-le réduire d'un tiers et passez-le au chinois.

Préparez les légumes de printemps. Épluchez et lavez tous les légumes. Essorez les pousses d'épinard, puis coupez les carottes en tronçons biseautés et les navets en dés. Dans une casserole d'eau bouillante salée, mettez successivement à cuire les carottes 6 ou 7 minutes, les navets 7 ou 8 minutes et les pois gourmands 2 minutes, puis faites blanchir les asperges 2 minutes. Rafraîchissez-les au fur et à mesure à l'eau glacée. Dans une poêle, faites fondre le beurre, puis roulez-y les légumes 1 minute chacun environ, en commençant par les carottes, puis les navets, puis les pois gourmands, les asperges et les pousses d'épinards. Salez et poivrez.

Coupez la poitrine de veau en 6 médaillons, posez-les dans un plat à four. Nappez-les de jus de cuisson, puis passez-les sous le gril du four 2 minutes pour les laquer. Recommencez l'opération 2 ou 3 fois.

Disposez les médaillons laqués sur un plat de service et chapeautez-les des légumes de printemps. Servez le jus à part. Dégustez aussitôt.

> **Truc de chef**
Dégraisser le bouillon consiste à éliminer, avec une petite louche, le liquide gras qui se trouve en surface.

*Cette recette paraît simple, mais elle nécessite un travail délicat dans la préparation des ris de veau.*

# Ris de veau de Corrèze rôtis au beurre demi-sel et girolles au jus

**POUR 4 PERSONNES**
**PRÉPARATION :** 30 min
**CUISSON :** 45 min environ

- 4 belles noix de ris de veau de 200 g chacune
- 600 g de girolles
- 3 cuill. à soupe d'huile d'olive
- 100 g de beurre frais demi-sel
- 3 échalotes
- 1 gousse d'ail
- 1 botte de persil plat
- 15 cl de jus de viande (récupéré de la cuisson d'un rôti, par exemple)
- sel et poivre du moulin

Dans une casserole, couvrez les ris de veau d'eau froide et portez à ébullition. Laissez bouillir 1 minute, puis égouttez les ris de veau et plongez-les 5 minutes dans de l'eau glacée. Égouttez-les à nouveau, puis, à l'aide d'un petit couteau, ôtez délicatement les petites peaux qui les enveloppent et réservez au froid.

Épluchez délicatement les girolles, puis lavez-les 2 ou 3 fois à l'eau froide, jusqu'à ce qu'il n'y ait plus de sable au fond du récipient, et égouttez-les.

Dans une poêle, faites chauffer l'huile d'olive, puis jetez-y les girolles, salez-les légèrement et faites-les sauter jusqu'à ce que l'eau de végétation ressorte. Égouttez-les à nouveau en récupérant bien leur jus. Dégraissez-le, si nécessaire, puis mettez-le à réduire de moitié dans une casserole.

Salez et poivrez les ris de veau sur toutes leurs faces. Dans un sautoir sur feu vif, faites mousser le beurre demi-sel coupé en petits dés, puis déposez les ris de veau et faites-les colorer 5 ou 6 minutes de chaque côté. Retirez-les du sautoir et réservez au chaud.

Épluchez, puis coupez les échalotes en quartiers de 4 mm d'épaisseur et hachez la gousse d'ail. Lavez et ciselez le persil plat. Dégraissez le sautoir aux trois quarts, puis ajoutez les quartiers d'échalote et l'ail haché, et faites-les suer 5 minutes. Ajoutez les girolles, augmentez légèrement le feu et faites sauter 5 minutes. Versez le jus de viande et le jus des girolles réduit et faites mijoter 4 ou 5 minutes. Parsemez de persil ciselé. Déposez les ris de veau sur les girolles et servez aussitôt.

> Conseils pratiques

Pour réussir ce plat, la fraîcheur des ris de veau doit être irréprochable.

La cuisson rapide des ris de veau demande beaucoup d'attention car ils ne doivent surtout pas accrocher dans le fond de la casserole et le beurre ne doit pas noircir.

Pour avoir toujours un peu de jus de viande disponible, récupérez le jus d'un rôti de bœuf ou d'un poulet, par exemple, et mettez-le à congeler.

> Truc de chef

Dégraisser le jus consiste à éliminer, avec une petite louche, le liquide gras qui se trouve en surface.

*S'il n'y avait pas de sanglier au retour de la chasse, ma grand-mère préparait ce civet avec du lièvre.*

# Civet de sanglier de ma grand-mère Andrée

**POUR 4 PERSONNES**
**PRÉPARATION :** 40 min
**MARINADE :** de 36 à 48 h
**CUISSON :** 3 h environ pour le sanglier
+ 45 min pour la garniture
+ 15 min pour la sauce

- 1,2 kg d'épaule de sanglier
- 1 cuill. à soupe d'huile d'arachide
- 40 g de beurre
- 1/2 botte de persil
- 15 cl de sang de cochon
- 10 g de chocolat à 70 % de cacao
- sel et poivre du moulin

### Pour la marinade
- 4 gousses d'ail
- 4 échalotes
- 2 oignons
- 2 carottes
- 1 branche de thym
- 1 feuille de laurier
- 12 grains de poivre noir
- 6 grains de poivre blanc
- 4 baies de genièvre
- 2 clous de girofle
- 1,5 l de bon vin rouge corsé

### Pour la garniture
- 200 g de champignons de Paris
- le jus de 1/2 citron
- 40 g de beurre
- 12 carottes nouvelles
- 200 g de navets en botte
- 20 g de sucre en poudre
- 50 cl de bouillon de volaille
- 120 g de lardons fumés
- 1 cuill. à café d'huile d'arachide

**L'avant-veille.** Préparez la marinade. Écrasez les gousses d'ail sans les peler. Épluchez, puis coupez les échalotes et les oignons en six et les carottes en rondelles. Coupez le sanglier en morceaux de 4 cm de côté, puis déposez-les dans un plat creux avec la garniture aromatique. Recouvrez de vin et laissez mariner de 36 à 48 heures.

**Le jour même.** Préchauffez le four à 150 °C (therm. 5).

Égouttez et séparez le sanglier de la garniture aromatique. Dans une cocotte allant au four, faites bien chauffer l'huile d'arachide, ajoutez les cubes de sanglier, salez et poivrez, puis faites-les colorer de 6 à 10 minutes sur toutes leurs faces. Retirez-les, dégraissez la cocotte et posez-la sur feu doux. Mettez la moitié du beurre et la garniture aromatique bien égouttée, faites suer environ 10 minutes, puis ajoutez le sanglier et faites revenir 4 minutes. Déglacez avec le vin rouge de la marinade, portez à ébullition, puis couvrez, enfournez et laissez cuire au moins 2 heures 30.

Vérifiez la cuisson du sanglier, puis retirez-le de la cocotte et réservez au chaud. Dans une casserole, passez la sauce au chinois, puis portez à ébullition et laissez réduire d'environ un quart.

Préparez la garniture. Coupez la partie terreuse des champignons, lavez-les, citronnez-les et coupez-les en six, puis faites-les poêler 5 minutes avec la moitié du beurre. Salez et poivrez. Épluchez les carottes, puis coupez-les en biseau. Épluchez les navets et coupez-les en dés de 2 cm de côté. Dans un sautoir, faites fondre 10 g de beurre, puis ajoutez les carottes, salez, poivrez, saupoudrez de la moitié du sucre et faites suer 2 minutes. Mouillez avec la moitié du bouillon de volaille et laissez cuire environ 10 minutes, jusqu'à évaporation totale du bouillon. Procédez de la même manière pour cuire les navets. Faites blanchir les lardons, puis refroidissez-les à l'eau froide et égouttez-les. Dans une poêle, faites chauffer l'huile d'arachide, puis faites-les colorer et égouttez-les.

Déposez la viande chaude dans un plat de service. Lavez et ciselez le persil. Portez la sauce à ébullition, puis hors du feu, incorporez le sang de cochon et le chocolat. Remuez bien, puis montez la sauce avec le reste de beurre. Rectifiez l'assaisonnement et versez la sauce sur la viande. Ajoutez la garniture et parsemez de persil ciselé.

> Conseil pratique
Dès que la sauce est liée avec le sang de cochon, veillez bien à ne plus la faire bouillir ; vous risqueriez d'obtenir des grumeaux.

*L'avantage de faire un rôti de porc avec de l'échine de cochon, c'est qu'elle reste moelleuse même si vous l'oubliez un peu au four.*

# Échine de cochon fermier rôtie à la sauge et cocos de Paimpol

**POUR 4 PERSONNES**
**PRÉPARATION** : 20 min
**CUISSON** : 1 h 10 environ
pour le cochon
+ 45 min environ
pour les haricots

- 1 échine de cochon fermier de 1 kg, ficelée en rôti
- 1 botte de sauge
- 6 gousses d'ail
- 1 cuill. à soupe d'huile d'arachide
- 1 branche de thym
- 1 feuille de laurier
- 1 oignon
- 1 carotte
- 60 g de beurre frais
- 400 g de haricots cocos de Paimpol
- 1 l de bouillon de volaille
- 1 cuill. à café de gros sel
- sel et poivre du moulin

Sortez la viande du réfrigérateur au moins 2 heures avant de la cuire et la laissez-la à température ambiante.

Préchauffez le four à 180 °C (therm. 6).

Salez et poivrez le rôti, puis piquez-le de feuilles de sauge. Écrasez les gousses d'ail sans les peler. Dans une cocotte allant au four, faites chauffer l'huile d'arachide, puis faites colorer le rôti sur toutes ses faces. Ajoutez l'ail écrasé, le thym et le laurier, puis enfournez et laissez cuire environ 1 heure en arrosant régulièrement.

Épluchez, puis taillez l'oignon et la carotte en petits dés. Dans une cocotte, faites fondre la moitié du beurre, puis faites suer les dés de légumes 5 minutes. Ajoutez les cocos de Paimpol, mouillez avec le bouillon de volaille, puis laissez cuire 20 minutes à feu doux. Ajoutez le gros sel et poursuivez la cuisson 10 minutes.

Retirez le rôti de la cocotte et mettez-le sur une grille. Recouvrez-le d'une feuille d'aluminium et réservez au chaud.

Dégraissez la cocotte, saisissez son contenu sur feu vif 2 minutes, puis versez 1 verre d'eau, faites bouillir et passez le jus obtenu au chinois. Récupérez les gousses d'ail si elles ne sont pas trop colorées.

Ciselez le reste des feuilles de sauge. Retirez les trois quarts du jus de cuisson des cocos, puis versez le jus du cochon. Ajoutez le reste de beurre et donnez un bouillon sur feu vif pour lier les haricots. Parsemez de sauge ciselée et disposez le tout sur un plat de service. Tranchez le rôti de cochon fermier, poivrez-le et servez-le avec une bonne moutarde à l'ancienne.

> Truc de chef

**Le temps de repos de la viande, sur une grille, à la sortie du four, permet au sang de se répartir dans la chair et d'obtenir une belle couleur à la coupe.**

*Il est très difficile... de rater cette recette et le succès est garanti si vous achetez une poitrine de cochon fermier bien épaisse. Ce plat est l'une des spécialités de La Régalade ; il y est servi toute l'année.*

# Poitrine de cochon fermier caramélisée, purée de pomme de terre à la moutarde de Meaux

**POUR 6 PERSONNES**
**PRÉPARATION :** 25 min
**CUISSON :** 4 h 30 environ pour le cochon
+ 20 min environ pour la purée

- 1 poitrine de cochon fermier de 2 kg, désossée par le boucher
- 1 tête d'ail
- 1 oignon
- 1 carotte
- 1 branche de thym
- 1 feuille de laurier
- 10 grains de poivre noir
- 1 bonne poignée de gros sel
- 20 g de beurre
- fleur de sel de Guérande

### Pour la purée
- 1 kg de pommes de terre rattes
- 25 cl de lait
- 200 g de beurre
- 2 cuill. à soupe de moutarde de Meaux
- sel et poivre du moulin

**La veille.** Préparez le cochon. Épluchez la tête d'ail, l'oignon et la carotte. Dans un grand faitout, recouvrez la viande d'eau froide et portez à ébullition. Écumez bien, puis ajoutez la garniture aromatique et le gros sel, et laissez cuire à frémissements environ 3 heures 30. Vérifiez la cuisson de la viande, puis retirez-la du faitout et réservez au réfrigérateur.

**Le jour même.** Préchauffez le four à 180 °C (therm. 6).

Faites fondre le beurre dans une poêle antiadhésive, puis déposez délicatement la poitrine côté couenne (si la poêle n'est pas assez grande, coupez la poitrine en deux) et faites cuire 20 minutes à feu doux. Retirez la poêle du feu, enfournez et laissez caraméliser environ 20 minutes. À l'aide d'une spatule, retournez la poitrine et faites cuire encore 10 minutes pour qu'elle soit bien chaude à cœur avec une couenne très croustillante.

Préparez la purée. Épluchez, lavez, puis faites cuire les pommes de terre 15 minutes environ dans une grande casserole d'eau salée. Égouttez-les, puis passez-les au presse-purée. Faites tiédir le lait. Remettez la purée obtenue dans la grande casserole, travaillez-la 1 minute, puis incorporez le beurre et enfin le lait tiède. Rectifiez l'assaisonnement, si nécessaire, puis incorporez la moutarde de Meaux.

Sortez la poitrine de cochon caramélisée du four, disposez-la sur un plat de service ou une planche à découper et servez-la aussitôt accompagnée de la purée de pomme de terre et d'un pot de fleur de sel de Guérande pour que chaque convive puisse saler à sa convenance.

> **Conseil pratique**
Assurez-vous de la cuisson de la viande en plantant une fourchette dans la poitrine ; elle ne doit rencontrer aucune résistance.

> **Suggestion du chef**
Proposez une salade de mâche relevée d'une vinaigrette au vinaigre de vin vieux, en second accompagnement.

*Lorsqu'elle arrive au mois de novembre, l'endive est l'une de mes salades préférées. Elle est très bonne braisée avec un faisan ou un rôti de veau, mais je crois que c'est en gratin que je la préfère.*

# Mes endives au jambon

POUR 4 PERSONNES
PRÉPARATION : 20 min
CUISSON : 1 h 15 environ

- 12 belles endives
- 40 g de beurre
- 1 cuill. à café de sucre en poudre
- 40 cl de bouillon de volaille
- le jus de 1 citron
- 800 g d'épinards frais
- 1 échalote
- 60 g de comté
- 6 tranches de jambon de Paris
- sel et poivre du moulin

### Pour la sauce Béchamel
- 80 g de beurre
- 60 g de farine
- 1 l de lait
- 1 pincée de noix de muscade râpée

Retirez les premières feuilles des endives, si nécessaire. Dans un sautoir, faites fondre la moitié du beurre, puis faites rouler les endives avec le sucre en poudre 2 ou 3 minutes, sans les laisser colorer. Versez le bouillon de volaille à hauteur et le jus de citron, couvrez d'une feuille de papier sulfurisé et laissez cuire environ 30 minutes. Égouttez, puis réservez.

Équeutez, puis lavez les épinards. Épluchez et émincez l'échalote. Dans une casserole, faites fondre le reste du beurre, puis faites dorer l'échalote. Ajoutez les épinards et faites-les tomber. Salez, poivrez, puis égouttez-les et hachez-les grossièrement. Rectifiez l'assaisonnement, si nécessaire.

Préparez la béchamel. Dans une casserole à feu très doux, faites fondre le beurre puis ajoutez la farine et laissez cuire environ 2 minutes. Versez le lait, salez, poivrez et saupoudrez de muscade râpée, puis laissez cuire environ 10 minutes. Tamponnez de beurre et réservez.

Préchauffez le four à 200 °C (therm. 6-7).

Râpez le comté et coupez les tranches de jambon en deux. Coupez les endives en deux dans la longueur, puis retirez les cœurs. Déposez des épinards hachés sur chaque demi-endive, recouvrez de l'autre moitié, puis roulez chacune dans une demi-tranche de jambon blanc. Coupez les extrémités, puis chaque endive en deux, disposez-les debout dans un plat, nappez-les de sauce Béchamel, recouvrez de comté râpé, puis enfournez et laissez cuire environ 20 minutes. Finissez en les faisant gratiner sous le gril. Servez très chaud.

> Truc de chef

Tamponner une préparation de beurre consiste à passer un morceau de beurre à sa surface pour la couvrir d'une fine pellicule de gras et éviter la formation d'une peau.

*Demandez à votre boucher une côte épaisse pour deux personnes ; elle n'en sera que plus moelleuse.*

# Côte de cochon fermier épaisse cuisinée pour deux personnes

**POUR 2 PERSONNES**
**PRÉPARATION** : 20 min
**CUISSON** : 30 min environ pour le cochon
+ 30 min environ pour les pommes de terre

- 1 côte de cochon fermier de 800 g
- 4 gousses d'ail
- 1 cuill. à soupe d'huile d'arachide
- 100 g de beurre demi-sel
- 1 branche de thym
- sel et poivre du moulin

### Pour les pommes grenaille
- 600 g de pommes de terre primeur de Noirmoutier
- 300 g de gros sel
- 3 cuill. à soupe d'huile d'arachide
- 40 g de beurre frais
- 1 botte de persil plat
- fleur de sel de Guérande

Sortez la viande du réfrigérateur au moins 2 heures avant de la cuire et laissez-la à température ambiante.

Préparez les pommes grenaille. Frottez les pommes de terre au gros sel, puis rincez-les à l'eau froide et coupez-les en deux. Jetez-les dans un faitout d'eau froide, portez à ébullition et égouttez-les immédiatement. Lavez et ciselez le persil plat. Dans un sautoir, faites chauffer l'huile d'arachide, puis saisissez les pommes de terre. Quand elles sont bien dorées, retirez l'huile, puis ajoutez le beurre coupé en dés et faites rouler les pommes de terre dans le sautoir. Assaisonnez de fleur de sel et de persil plat ciselé.

Préchauffez le four à 180 °C (therm. 6).

Salez et poivrez la côte de cochon. Écrasez les gousses d'ail sans les peler. Dans une sauteuse allant au four, faites chauffer l'huile sur feu vif, puis saisissez la côte 3 minutes. Baissez le feu et laissez-la cuire 7 minutes. Augmentez le feu, retournez la côte et saisissez-la sur l'autre face 3 minutes. Baissez à nouveau le feu, ajoutez le beurre en petits dés, l'ail écrasé et la branche de thym, puis laissez cuire 7 minutes en arrosant régulièrement. Enfournez et continuez la cuisson 5 minutes, puis déposez la côte sur une assiette et laissez-la reposer.

Dégraissez la sauteuse aux trois quarts, versez un verre d'eau, portez à ébullition et décollez bien les sucs de cuisson. Faites réduire de moitié, rectifiez l'assaisonnement, si nécessaire, puis passez le jus au chinois.

Tranchez la côte de cochon rosée à cœur et servez-la avec le jus et les gousses d'ail confites, accompagnée des pommes grenaille dorées.

*Plat du dimanche soir par excellence, la tartiflette se savoure au retour d'une grande balade en forêt ou après une bonne journée de ski ou de raquettes dans nos montagnes.*

# Tartiflette du dimanche soir, salade de chicorée aillée et jambon cru

**POUR 4 PERSONNES**
**PRÉPARATION :** 30 min
**CUISSON :** 1 h environ

- 1,5 kg de pommes de terre charlottes
- 3 oignons
- 1 gousse d'ail
- 30 g de beurre
- 20 cl d'huile d'arachide
- 200 g de poitrine fumée
- 1 reblochon fermier au lait cru
- sel et poivre du moulin

**Pour la salade**
- 1 salade frisée bien jaune à grosses côtes
- 1/2 gousse d'ail
- 6 cuill. à soupe d'huile de noisette
- 2 cuill. à soupe de vinaigre de vin vieux
- 8 tranches de jambon d'Espagne type Serrano ou Patanegra

Épluchez les pommes de terre, lavez-les, puis coupez-les en rondelles de 6 ou 7 mm d'épaisseur. Remettez-les dans l'eau pour bien les laver et pour qu'elles ne collent pas à la cuisson.

Épluchez les oignons et l'ail, puis émincez-les le plus finement possible. Faites fondre le beurre dans un sautoir, puis faites confire doucement l'oignon et l'ail environ 20 minutes, jusqu'à ce qu'ils dorent légèrement.

Mettez les rondelles de pomme de terre dans une casserole, mouillez avec de l'eau à hauteur, puis portez à frémissements et égouttez aussitôt.

Dans une grande poêle antiadhésive, faites chauffer la moitié de l'huile d'arachide, puis mettez les pommes de terre à colorer environ 4 minutes sur chaque face. Assaisonnez-les en fin de cuisson, juste avant de les égoutter sur du papier absorbant.

Coupez la poitrine fumée en dés, puis faites blanchir ceux-ci et égouttez-les. Dans une poêle, faites colorer les dés de poitrine blanchis 8 minutes environ avec le reste d'huile, puis égouttez-les sur du papier absorbant.

Préchauffez le four à 180 °C (therm. 6).

Mélangez les pommes de terre avec l'oignon et l'ail confits. Coupez le reblochon en lanières, puis recouvrez-en le fond d'un plat à gratin. Ajoutez le mélange à base de pommes de terre, puis recouvrez de lanières de reblochon. Enfournez et laissez gratiner environ 10 minutes.

Préparez la salade. Lavez, puis essorez la chicorée. Épluchez et hachez l'ail. Dans un saladier, émulsionnez bien l'huile de noisette et le vinaigre de vin vieux, salez, poivrez et ajoutez l'ail haché. Déposez la chicorée et les tranches de jambon, puis mélangez.

Servez la tartiflette à la sortie du four accompagnée de salade relevée.

*L'épaule d'agneau est toujours un morceau un peu ferme ; mais, confite, elle se fait tendre et moelleuse et s'associe parfaitement avec le céleri.*

# Épaule d'agneau de Lozère confite, servie en lasagnes

**POUR 6 PERSONNES**
**PRÉPARATION** : 45 min
**CUISSON** : 3 h 30 environ
pour les épaules d'agneau
+ de 35 à 40 min
pour la purée de céleri
+ 15 min environ
pour les lasagnes

- 2 épaules d'agneau de Lozère de 600 g chacune
- 1 oignon
- 2 gousses d'ail
- 2 tomates bien mûres
- 1 cuill. à soupe d'huile d'arachide
- 20 g de beurre
- 1 branche de thym
- 1 feuille de laurier
- 12 grains de poivre noir
- 40 cl de bouillon de volaille
- sel et poivre du moulin

### Pour la purée de céleri
- 1 boule de céleri-rave
- 1 l de lait
- 80 g de riz rond
- 1 cuill. à café de gros sel
- 10 cl de crème liquide
- 50 g de beurre

Préchauffez le four à 150 °C (therm. 5).

Salez et poivrez les épaules d'agneau. Épluchez l'oignon. Écrasez les gousses d'ail sans les peler. Coupez les tomates en quartiers. Dans une cocotte allant au four, faites chauffer l'huile d'arachide, puis faites colorer les épaules de 6 à 10 minutes sur toutes leurs faces. Retirez les épaules, dégraissez la cocotte, puis mettez-la sur feu doux. Ajoutez le beurre et la garniture aromatique, puis faites suer environ 10 minutes. Déposez les épaules d'agneau et les quartiers de tomate, versez le bouillon de volaille et portez à ébullition. Couvrez, enfournez et laissez cuire environ 2 heures.

Retirez les épaules de la cocotte et désossez-les. Passez le jus de cuisson au chinois, puis remettez le jus récupéré dans la cocotte avec les morceaux de viande et laissez mijoter environ 1 heure.

Préparez la purée. Épluchez la boule de céleri, puis taillez-la en 12 tranches de 2 mm d'épaisseur, à l'aide d'une mandoline. Retaillez ces tranches en disques, à l'aide d'un emporte-pièce rond de 12 cm de diamètre. Coupez tout le reste de la boule de céleri en gros cubes, puis mettez-les dans une casserole avec les parures, le lait et le riz. Salez au gros sel, portez à ébullition et laissez cuire de 35 à 40 minutes en remuant régulièrement. Égouttez, puis passez le tout au robot pour obtenir une purée bien lisse. Fouettez la crème liquide. Remettez la purée obtenue dans la casserole et incorporez le beurre et la crème fouettée.

Préchauffez le four à 220 °C (therm. 7-8).

Préparez les lasagnes. Plongez les disques de céleri 2 ou 3 minutes dans une casserole d'eau bouillante, puis refroidissez-les dans de l'eau glacée et épongez-les. Dans un grand plat à four, déposez un disque de céleri, puis recouvrez-le successivement de purée de céleri, de morceaux d'épaule avec un peu de jus, à nouveau de purée et d'un disque de céleri. Renouvelez l'opération encore une fois en finissant par un disque de céleri nappé de jus de cuisson. Procédez de la même manière pour les 5 autres lasagnes. Enfournez-les et faites-les cuire environ 10 minutes. Servez très chaud.

> **Conseil pratique**
Après 2 heures de cuisson en cocotte, les épaules doivent être fondantes et ne fournir aucune résistance quand vous les piquez avec un couteau.

*Le pesto de persil plat est une variante du pesto de basilic. Très facile à faire soi-même et très parfumé, il se marie très bien avec l'agneau.*

# Carrés d'agneau au pesto de persil plat

**POUR 4 PERSONNES**
**PRÉPARATION :** 25 min
**CUISSON :** de 20 à 25 min

- 2 carrés d'agneau de 8 côtes
- 8 gousses d'ail
- 16 tomates cerises en grappe
- 2 cuill. à soupe d'huile d'olive
- sel et poivre du moulin

Pour le pesto
- 2 bottes de persil plat
- 1 gousse d'ail
- 80 g de parmesan en poudre
- 25 g de pignons de pin
- 20 cl d'huile d'olive

Sortez la viande du réfrigérateur au moins 2 heures avant de la cuire et laissez-la à température ambiante.

Préparez le pesto. Portez une casserole d'eau salée à ébullition. Lavez et effeuillez le persil plat, puis faites-le blanchir dans l'eau bouillante 2 minutes. Refroidissez-le dans de l'eau glacée, puis égouttez-le et pressez-le pour évacuer toute l'eau des feuilles. Épluchez et dégermez la gousse d'ail, puis mettez-la dans un pot avec le persil blanchi, le parmesan, les pignons de pin et la moitié de l'huile d'olive. À l'aide d'un petit mixer plongeant, mixez jusqu'à obtention d'une pâte un peu épaisse, puis incorporez le reste d'huile d'olive et réservez.

Préchauffez le four à 180 °C (therm. 6).

Épluchez les gousses d'ail et lavez les tomates cerises, puis mettez-les dans un plat à four avec l'huile d'olive, enfournez et faites cuire 3 ou 4 minutes.

Salez et poivrez les carrés d'agneau sur toutes leurs faces, puis déposez-les dans le plat chaud sur le côté gras. Enfournez à nouveau et laissez cuire 5 ou 6 minutes, puis retournez-les, arrosez-les avec le gras de cuisson et laissez cuire encore de 4 à 6 minutes selon l'appoint de cuisson que vous désirez.

Sortez les carrés d'agneau du four, posez-les sur une grille, recouvrez-les d'une feuille de papier aluminium et laissez reposer 7 ou 8 minutes.

Recouvrez le fond d'un plat de service de pesto de persil plat, puis ajoutez les tomates cerises et les gousses d'ail cuites. Tranchez les carrés d'agneau entre chaque côte, posez-les sur la garniture et servez aussitôt.

> Trucs de chef

**Plonger les feuilles de persil plat blanchies dans de l'eau glacée permet de fixer la chlorophylle et de donner une belle couleur verte au pesto.**

**Le temps de repos de la viande, sur une grille, à la sortie du four, permet au sang de se répartir dans la chair et d'obtenir cette belle couleur rose à la coupe.**

*J'aime particulièrement ce plat qui réunit toutes les qualités : la finesse du goût et une très belle présentation, tout en restant très facile à préparer.*

# Suprêmes de volaille jaune des Landes au foie gras et aux girolles

**POUR 4 PERSONNES**
PRÉPARATION : 20 min
CUISSON : 35 min environ

- 4 beaux suprêmes de volaille fermière jaune des Landes de 220 g chacun
- 1/2 botte de persil frais
- 240 g de foie gras de canard frais
- 200 g de crépine
- 600 g de girolles
- 3 cuill. à soupe d'huile d'olive
- 1 gousse d'ail
- 1 cuill. à soupe d'huile d'arachide
- 20 g de beurre frais
- 1 branche de thym
- 1 feuille de laurier
- 1 échalote
- 1 botte de persil plat
- sel et poivre du moulin

Préchauffez le four à 190 °C (therm. 6-7).

Lavez et séchez le persil. À l'aide d'un couteau fin, ouvrez les suprêmes de volaille en portefeuille. Salez, poivrez et tapissez-les de persil. Coupez le foie gras en 8 tranches, salez et poivrez-les, puis glissez-en 2 dans chaque suprême. Refermez les portefeuilles, puis enveloppez chaque suprême de crépine. Salez et poivrez à nouveau.

À l'aide d'un petit couteau, épluchez délicatement les girolles, puis lavez-les à l'eau froide 2 ou 3 fois, si nécessaire, jusqu'à ce qu'il n'y ait plus de sable au fond du récipient. Égouttez-les. Dans une poêle, faites chauffer l'huile d'olive, jetez-y les girolles, salez légèrement, puis faites-les sauter jusqu'à ce que l'eau de végétation ressorte. Égouttez-les à nouveau. Récupérez le jus, dégraissez-le et faites-le réduire de moitié.

Écrasez la gousse d'ail sans la peler. Dans un sautoir allant au four, faites chauffer l'huile d'arachide, puis faites colorer les suprêmes. Ajoutez le beurre coupé en dés, l'ail écrasé, le thym et le laurier, puis enfournez et faites cuire 7 ou 8 minutes ; ils ne doivent surtout pas être trop cuits.

Épluchez et émincez l'échalote. Lavez et hachez finement le persil plat. Retirez les suprêmes du four et laissez-les reposer sur une grille. Mettez les girolles dans le sautoir, augmentez légèrement le feu et faites-les sauter 5 minutes. Ajoutez l'échalote émincée, versez le jus des girolles réduit, faites sauter encore 4 ou 5 minutes, puis parsemez de persil ciselé.

Coupez les suprêmes de volaille en deux, déposez-les sur la garniture et servez aussitôt.

> Trucs de chef

Préparer une viande en portefeuille consiste à la couper dans l'épaisseur, sans la séparer complètement, à la fourrer, puis à refermer le portefeuille sur la garniture.

Dégraisser le jus consiste à éliminer, avec une petite louche, le liquide gras qui se trouve en surface.

*Cette recette peut servir de base et se décliner en remplaçant les champignons par des artichauts cuits avec une crème d'artichaut ou par des calmars sautés et de l'encre de seiche...*

# Risotto de champignons, ailerons de volaille caramélisés

**POUR 4 PERSONNES**
**PRÉPARATION** : 30 min
**CUISSON** : de 50 à 55 min
pour les ailerons
et les champignons
+ de 25 min environ
pour le risotto

- 250 g de girolles
- 250 g de cèpes
- 5 cuill. à soupe d'huile d'olive
- 2 gousses d'ail
- 3 échalotes
- 20 ailerons de volaille jaune des Landes
- 3 cuill. à soupe d'huile d'arachide
- 1 botte de persil plat
- 15 cl de jus de viande (récupéré de la cuisson d'un rôti, par exemple)
- sel et poivre du moulin

### Pour le risotto
- 200 g de riz arborio
- 1/2 oignon
- 100 g de beurre
- de 40 à 50 cl de bouillon de volaille
- 1 cuill. à soupe de crème épaisse
- 25 g de parmesan râpé

À l'aide d'un petit couteau, épluchez délicatement les girolles, puis lavez-les à l'eau froide 2 ou 3 fois, si nécessaire, jusqu'à ce qu'il n'y ait plus de sable au fond du récipient et égouttez-les. Épluchez les cèpes, nettoyez-les à l'aide d'un chiffon humide et coupez-les en cubes de 2 cm de côté. Dans une poêle, faites chauffer la moitié de l'huile d'olive, jetez-y les girolles, salez légèrement et faites-les sauter 2 minutes jusqu'à ce que l'eau de végétation ressorte, puis égouttez-les à nouveau. Procédez de la même manière avec les cèpes, puis mélangez-les avec les girolles et réservez.

Préparez le risotto. Épluchez et émincez finement le demi-oignon, puis faites-le suer 3 minutes environ dans un sautoir avec 20 g de beurre. Ajoutez le riz et remuez jusqu'à ce qu'il devienne translucide. Versez 10 cl de bouillon et remuez jusqu'à absorption complète par le riz. Faites ainsi cuire le riz de 16 à 18 minutes en renouvelant l'opération 2 ou 3 fois ; il doit rester *al dente*.

Épluchez, puis écrasez les gousses d'ail et les échalotes. Salez et poivrez les ailerons de volaille sur toutes leurs faces. Dans un sautoir sur feu vif, faites chauffer l'huile d'arachide, puis faites colorer les ailerons 10 minutes environ. Ajoutez l'ail et les échalotes écrasés et laissez cuire de 15 à 20 minutes en remuant régulièrement.

Lavez et ciselez le persil plat. Retirez les ailerons du sautoir, puis jetez-y les champignons et faites-les sauter à feu doux environ 10 minutes. Versez le jus de viande et portez à ébullition. Parsemez de persil ciselé et rectifiez l'assaisonnement.

Dans une sauteuse, versez le risotto, puis 10 cl de bouillon et portez à ébullition. Montez le risotto avec le reste de beurre, la crème épaisse et le parmesan râpé, jusqu'à ce qu'il soit crémeux mais pas trop épais. Ajoutez les champignons et mélangez bien. Servez le risotto et les ailerons de volaille dans un plat chaud.

### > Conseil pratique
Vous pouvez aussi faire cuire le risotto environ 15 minutes, puis l'étaler sur une plaque pour le faire refroidir et stopper la cuisson.

### > Truc de chef
Monter une préparation consiste à incorporer des noisettes de beurre à la cuillère pour la rendre lisse et brillante.

# Fromages et desserts

*Au restaurant Le Beurre Noisette à Paris, mon ami Thierry Blanqui propose ce fromage quasiment toute l'année.*

# Coulommiers aux noix fraîches et aux fruits secs

**POUR 8 À 10 PERSONNES**
**PRÉPARATION :** 20 min
**RÉFRIGÉRATION :** 10 min environ

- 1 coulommiers bien fait mais pas coulant
- 50 g de raisins secs de Corinthe
- 80 g de beurre ramolli
- 6 abricots secs
- 6 figues sèches
- 10 noix fraîches
- sel et poivre du moulin

Si les raisins de Corinthe sont vraiment très secs, faites-les gonfler environ 10 minutes dans une petite quantité d'eau tiède, puis égouttez-les. Travaillez le beurre en pommade. Coupez les abricots et les figues en dés de 3 ou 4 mm de côté. Décortiquez et concassez les noix. Mélangez tous ces fruits au beurre, salez très peu et poivrez.

À l'aide d'un couteau à lame fine et chaude, coupez le coulommiers dans l'épaisseur pour obtenir 2 disques de fromage. Étalez le beurre aux fruits sur l'un d'eux, puis replacez l'autre moitié sur la garniture. Pressez légèrement et passez le fromage garni environ 10 minutes au réfrigérateur avant de le servir.

> Suggestions du chef

Dégustez ce coulommiers aux fruits avec un verre de blanc bien frais et fruité.

De la même façon, vous pouvez garnir un brie de Meaux.

*Le fromage a une place importante dans notre pays et dans nos habitudes alimentaires. Cette recette est une alternative originale à notre traditionnel plateau de fromages.*

# Tourte feuilletée de fourme d'Ambert aux oignons confits

**POUR 8 PERSONNES**
**PRÉPARATION** : 20 min
**RÉFRIGÉRATION** : 20 min
**CUISSON** : 40 min environ
**REPOS DE LA TOURTE** : 10 min environ

- 300 g de fourme d'Ambert
- 4 gros oignons doux
- 20 g de beurre
- 2 pâtes feuilletées de 20 cm de diamètre et de 3 mm d'épaisseur (commandées au boulanger ou prêtes à dérouler)
- 1 œuf battu
- sel et poivre du moulin

Épluchez et émincez finement les oignons. Dans une sauteuse, faites fondre le beurre, puis ajoutez les oignons, salez et faites-les suer environ 20 minutes sans les laisser colorer.

Mettez les oignons confits dans un saladier. Coupez la fourme en gros cubes, mélangez-les délicatement aux oignons et poivrez.

Déposez un disque de pâte feuilletée sur une plaque à four. Badigeonnez-le d'œuf battu. Étalez les oignons confits à la fourme au centre en réservant 3 cm tout autour. Recouvrez la garniture de l'autre disque de pâte et faites-le bien adhérer en pressant les bords. Badigeonnez la surface d'œuf battu, puis, à l'aide d'un petit couteau pointu, pratiquez de légères incisions sur le dessus pour le décor et tous les 3 ou 4 mm sur le contour. Placez la tourte au frais 20 minutes pour que la pâte repose.

Préchauffez le four à 180 °C (therm. 6).

Sortez la tourte du réfrigérateur, enfournez et faites cuire 15 minutes. Sortez-la du four, badigeonnez-la à nouveau d'œuf et remettez-la à dorer 5 minutes, jusqu'à ce qu'elle soit bien brillante.

Sortez la tourte de fourme d'Ambert aux oignons confits du four et laissez-la refroidir 10 minutes avant de la servir.

> Trucs de chef

Pratiquer des incisions sur les contours du montage de pâte feuilletée évite à la bande rapportée de se décoller au cours de la cuisson.

Placer la pâte feuilletée au réfrigérateur avant de la cuire lui permet de se reposer et de mieux se développer une fois dans le four.

> Suggestion du chef

Dégustez cette tourte feuilletée accompagnée d'un verre de vieux porto.

*Ce riz cuit au lait à la vanille est la recette de ma grand-mère. Je ne pouvais pas ne pas la partager... Ne devrait-elle pas être déclarée d'intérêt public ?*

# Riz cuit au lait à la vanille

**POUR 6 PERSONNES**
**PRÉPARATION :** 5 min
**CUISSON :** de 35 à 40 min
**RÉFRIGÉRATION :** au moins 1 h 20

- 135 g de riz rond
- 65 cl de lait
- 35 cl de crème liquide
- 2 gousses de vanille
- 100 g de sucre en poudre

Dans une casserole à feu moyen, versez le lait et la crème liquide. Fendez les gousses de vanille et grattez les graines au-dessus de la casserole, puis jetez-y les gousses. Incorporez le sucre et le riz. Portez à ébullition, puis baissez à feu doux et laissez cuire de 35 à 40 minutes.

Laissez refroidir 20 minutes à température ambiante, puis au moins 1 heure au réfrigérateur.

Disposez le riz au lait dans une coupelle et servez le jour même.

> Suggestion du chef
Accompagnez ce riz au lait vanillé de confiture de lait, de mûres, de framboises ou de mangue fraîche.

*Le parfum et la texture de ces petits pots de crème sont un réel plaisir à savourer ; ils me rappellent le délice de mes desserts d'enfant.*

# Petits pots de crème à la vanille de mon enfance

**POUR 6 PERSONNES**
**PRÉPARATION :** 10 min
**CUISSON :** 45 min environ
**REPOS :** au moins 1 h

- 2 gousses de vanille
- 50 cl de lait
- 50 cl de crème liquide
- 170 g de sucre en poudre
- 7 jaunes d'œuf

Fendez les gousses de vanille et grattez-en les graines dans un bol.

Dans une casserole sur feu moyen, versez le lait et la crème liquide, ajoutez les gousses de vanille et faites chauffer jusqu'à atteindre environ 85 °C.

Dans une jatte, mélangez le sucre, les jaunes d'œuf et les graines de vanille, puis fouettez vivement jusqu'à ce que le mélange blanchisse.

Préchauffez le four à 120 °C (therm. 4).

Versez le lait vanillé sur les jaunes blanchis, fouettez bien, puis passez le tout au chinois. Répartissez la crème obtenue dans des petits pots, puis placez-les dans un plat à four. Versez de l'eau à hauteur, puis enfournez et laissez cuire environ 40 minutes au bain-marie.

À la sortie du four, les petits pots doivent être tremblants. Laissez reposer 1 heure à température ambiante, puis mettez-les au réfrigérateur jusqu'au moment de servir.

> Conseil pratique

Si vous ne disposez pas d'un thermomètre de cuisine, sachez que la crème chauffée atteint 85 °C juste avant de frémir.

> Suggestion du chef

Accompagnez ces petits pots de crème à la vanille de framboises, de mûres fraîches ou encore d'une gelée de fruits de la Passion.

*J'ai savouré cette recette fraîche et exotique pour la première fois au cours d'un voyage en Polynésie française, là où le lait de coco est préparé devant vous par les Polynésiennes…*

# Perles du Japon au lait de coco et à la vanille, mangue et fruits de la Passion

**POUR 6 PERSONNES**
**PRÉPARATION** : 10 min
**REPOS** : 10 min
**CUISSON** : de 20 à 25 min
**REPOS AU FRAIS** : 30 min environ

- 50 g de perles du Japon
- 40 cl de lait
- 150 g de sucre en poudre
- 1 gousse de vanille
- 40 cl de lait de coco froid
- 1 mangue bien mûre
- 4 fruits de la Passion
- le jus de 2 oranges

Dans une casserole à feu moyen, versez le lait et 50 g de sucre en poudre, puis fendez, grattez et ajoutez la gousse de vanille. Portez à ébullition, puis versez les perles du Japon, baissez à feu doux et laissez cuire de 10 à 12 minutes en remuant fréquemment.

Mettez le tout dans une jatte, puis versez le lait de coco bien froid et laissez refroidir en remuant de temps en temps.

Épluchez la mangue, coupez-la en dés et récupérez le maximum de chair autour du noyau. Dans une casserole, coupez et évidez les fruits de la Passion, ajoutez les parures de mangue, le reste de sucre, le jus d'orange et 25 cl d'eau froide, puis portez à ébullition et laissez bouillir 2 minutes.

À l'aide d'un mixer plongeant, mixez le tout jusqu'à obtenir une purée de fruits très liquide avec les graines de fruits de la Passion visibles. Laissez bien refroidir, puis ajoutez les dés de mangue.

Dans une verrine, déposez la purée de fruits, puis versez délicatement les perles du Japon au lait de coco. Laissez au réfrigérateur jusqu'au moment de servir.

> Suggestion du chef
Dégustez ces perles du Japon au lait de coco bien froides avec des tuiles croustillantes.

*J'aime beaucoup cette recette parce qu'elle fait partie de celles qui annoncent le début de la belle saison avec le retour des fraises et de la rhubarbe.*

# Fraîcheurs de fraise et de rhubarbe, fromage blanc battu à la vanille

**POUR 4 PERSONNES**
**PRÉPARATION** : 30 min
**CUISSON** : de 20 à 25 min
**REPOS AU FRAIS**
**DE LA COMPOTE** : au moins 30 min

- 250 g de fraises gariguettes
- 125 g de framboises
- 500 g de fromage blanc
- 100 g de sucre en poudre
- 1 gousse de vanille
- 80 g de coulis de fraise

**Pour la compote de rhubarbe**
- 500 g de bâtons de rhubarbe
- 1 pomme golden
- 100 g de sucre en poudre

Préparez la compote. Épluchez la rhubarbe et la pomme, puis coupez-les en cubes de 2 cm de côté. Mettez-les dans une casserole, versez le sucre et laissez cuire de 20 à 25 minutes en remuant régulièrement. Versez la compote obtenue dans un saladier et laissez refroidir au moins 30 minutes.

Lavez les fraises, puis équeutez-les et coupez-les en deux.

Dans une jatte, versez le fromage blanc et le sucre en poudre, puis fendez la gousse de vanille et grattez-en les graines. Fouettez énergiquement le tout 1 minute.

Dans 4 verres à parois hautes, répartissez la compote de rhubarbe, puis le fromage blanc battu à la vanille, nappez de coulis de fraise et recouvrez de fraises et de framboises fraîches.

*Cette recette simple est très agréable en fin de repas avec une coupe de champagne. Vous pouvez la décliner avec d'autres fruits comme des fraises, de la mangue, ou encore des cerises.*

# Nage de pamplemousse rose et de framboises au champagne

**POUR 6 PERSONNES**
**PRÉPARATION :** 15 min
**CUISSON :** 5 min environ
**RÉFRIGÉRATION :** 30 min environ
**MACÉRATION :** 20 min environ

- 9 pamplemousses roses
- 1 gousse de vanille
- 100 g de sucre en poudre
- 250 g de framboises
- 1/3 de botte de menthe fraîche
- 25 cl de champagne

Pelez les pamplemousses à vif en retirant bien le zist, puis prélevez tous les quartiers de pulpe. Pressez à la main ce qui reste des pamplemousses pour en extraire environ 20 cl de jus.

Fendez la gousse de vanille et grattez-en les graines dans un bol. Dans une casserole, versez le jus de pamplemousse, ajoutez la gousse de vanille grattée et le sucre en poudre, puis portez à ébullition et faites bouillir 1 minute. Versez le sirop obtenu sur 80 g de framboises, puis mixez le tout à l'aide d'un mixer plongeant. Laissez bien refroidir au réfrigérateur.

Lavez et ciselez la menthe fraîche. Dans un plat de service, disposez les quartiers de pamplemousse, versez le sirop de fruits, ajoutez les framboises entières, parsemez le tout de menthe ciselée, puis laissez macérer environ 20 minutes.

Versez le champagne au moment de servir.

> Conseil pratique
Le zist est la petite peau blanchâtre et amère qui se trouve entre la peau et la pulpe des agrumes.

> Suggestion du chef
Dégustez cette nage de pamplemousse rose au champagne avec des biscuits à la cuillère.

*La réussite de ce dessert très rapide à réaliser dépend beaucoup de la cuisson des framboises, qui doivent rester bien entières. En saison, remplacez-les par des cerises Burlat après les avoir dénoyautées.*

# Poêlée de framboises aux pistaches

**POUR 4 PERSONNES**
**PRÉPARATION :** 15 min
**CUISSON :** 10 min environ

- 500 g de framboises
- 100 g de pistaches entières
- 25 cl de bonne glace à la vanille
- 60 g de sucre glace
- 20 g de beurre
- 100 g de sucre en poudre

Décortiquez, puis concassez finement les pistaches. Dans une jatte, travaillez rapidement la glace à la vanille à la spatule pour la ramollir, puis incorporez la moitié des pistaches concassées. Placez le tout au congélateur.

Dans une poêle, faites caraméliser le reste des pistaches avec le sucre glace environ 6 minutes.

Dans une autre poêle, faites fondre le beurre, puis ajoutez et faites fondre le sucre en poudre. Augmentez le feu, puis ajoutez les framboises et faites-les sauter 1 minute.

Répartissez la poêlée de framboises dans des assiettes creuses, ajoutez une boule de glace à la vanille et à la pistache sur chacune et parsemez le tout de pistaches caramélisées. Dégustez aussitôt.

> Conseil pratique

Si les framboises sont bien mûres et parfumées, baissez la quantité de sucre en poudre de moitié.

*Ce dessert vaut vraiment la peine qu'on s'organise un peu à l'avance pour le préparer ; le mariage subtil du chocolat et de l'orange et sa présentation raffinée ne vous décevront pas.*

# Quenelles de chocolat amer à l'orange, crème anglaise au thé Earl Grey

**POUR 8 PERSONNES**
**PRÉPARATION :** 20 min
**CUISSON :** 15 min environ
**RÉFRIGÉRATION DE LA CRÈME AU CHOCOLAT :** au moins 6 h
**REPOS AU FRAIS DE LA CRÈME ANGLAISE :** au moins 30 min

- 225 g de chocolat noir amer à 70 % de cacao
- le zeste de 2 oranges
- 25 cl de lait
- 25 cl de crème liquide
- 3 jaunes d'œuf
- 85 g de sucre en poudre
- 8 tuiles

### Pour la crème anglaise au thé Earl Grey
- 25 cl de lait
- 1 sachet de thé Earl Grey
- 100 g de sucre en poudre
- 5 jaunes d'œuf

Hachez le chocolat, puis mettez-le dans une jatte avec la moitié des zestes d'orange.

Dans une casserole, faites chauffer le lait et la crème liquide jusqu'à atteindre environ 85 °C. Dans une autre jatte, fouettez vivement les jaunes d'œuf avec le sucre en poudre jusqu'à ce que le mélange blanchisse. Versez le lait chaud sur les jaunes blanchis, fouettez bien, puis remettez à cuire 2 minutes à feux très doux, sans cesser de remuer.

Passez la crème obtenue au chinois sur le chocolat concassé et mélangez jusqu'à ce que le chocolat soit complètement fondu. Étalez la crème au chocolat dans un plat creux, puis placez au réfrigérateur au moins 6 heures.

Préparez la crème anglaise au thé. Dans une casserole, portez le lait avec le sachet de thé à ébullition. Dans une jatte, fouettez vivement les jaunes d'œuf avec le sucre en poudre jusqu'à ce que le mélange blanchisse, puis versez le lait bouillant et mélangez. Remettez le tout dans la casserole et faites cuire 2 minutes, à feu doux, sans cesser de remuer. Passez la crème obtenue au chinois et laissez refroidir.

Mettez le reste des zestes d'orange dans une casserole d'eau froide, portez à ébullition et faites blanchir 1 minute. Sortez la crème au chocolat du réfrigérateur, puis à l'aide d'une cuillère à soupe chaude, formez 8 quenelles de chocolat. Déposez-les sur des assiettes de service et recouvrez de crème anglaise au thé. Parsemez le tout des zestes d'orange blanchis et disposez une tuile sur chaque quenelle de chocolat. Servez aussitôt.

> **Conseils pratiques**

Si vous ne disposez pas d'un thermomètre de cuisine, sachez que la crème chauffée atteint 85 °C juste avant de frémir.

Pour faciliter la réalisation des quenelles, trempez la cuillère régulièrement dans de l'eau très chaude.

*Il existe mille et une recettes de mousse au chocolat... mais le dessert favori des grands et des petits n'en mérite-t-il pas une de plus ?*

# Trois mousses au chocolat

POUR 8 PERSONNES
PRÉPARATION : 30 min
CUISSON : 25 min

- 1 barquette de framboises
- cacao en poudre pour le décor

### Pour la mousse au chocolat noir
- 250 g de chocolat noir amer à 70 % de cacao
- 65 g de sucre en poudre
- 4 jaunes d'œuf
- 5 blancs d'œuf
- 10 cl de crème liquide

### Pour la mousse au chocolat blanc
- 200 g de chocolat blanc
- 20 cl de crème liquide

### Pour la mousse au chocolat au lait
- 200 g de chocolat au lait
- 60 cl de crème liquide

Préparez la mousse au chocolat noir. Hachez le chocolat noir, puis mettez-le dans une jatte et faites-le fondre au bain-marie.

Dans une autre jatte, fouettez vivement la moitié du sucre en poudre et les jaunes d'œuf jusqu'à ce que le mélange blanchisse. Montez les blancs en neige, puis serrez-les avec le reste de sucre. Fouettez la crème liquide.

Versez le chocolat fondu dans les jaunes blanchis, fouettez vivement, puis incorporez immédiatement la crème fouettée. Ajoutez le quart des blancs en neige, fouettez légèrement, puis incorporez délicatement le reste des blancs à la spatule. Réservez au frais.

Préparez la mousse au chocolat blanc. Hachez le chocolat blanc, puis mettez-le dans une jatte et faites-le fondre au bain-marie ; le chocolat doit fondre sans être trop chaud.

Fouettez la crème liquide, puis incorporez-en la moitié au chocolat fondu avec un fouet et le reste à la spatule. Réservez au frais.

Préparez la mousse au chocolat au lait. Dans une casserole, mettez 10 cl de crème liquide à chauffer et fouettez le reste. Hachez le chocolat au lait, puis mettez-le dans une jatte.

Versez la crème frémissante sur le chocolat et remuez bien pour le faire fondre. Incorporez la moitié de la crème fouettée au fouet et le reste à la spatule.

Coupez les framboises en deux. Dans des verrines, disposez successivement les mousses, à l'aide d'une cuillère ou d'une poche à douille, pour former des étages. Saupoudrez de cacao et chapeautez le tout de demi-framboises. Gardez au frais jusqu'au moment de servir.

> ### Truc de chef
> Serrer les blancs montés en neige consiste à finir de les fouetter par un mouvement circulaire et rapide du fouet afin de les rendre très fermes et homogènes.

*Ce gâteau au chocolat est un délice fondant et moelleux à souhait. À la fin d'un repas ou pour le goûter, dégustez-le accompagné d'une crème anglaise à la vanille.*

# Mon moelleux au chocolat

**POUR 6 PERSONNES**
**PRÉPARATION** : 15 min
**CUISSON** : de 45 à 50 min environ
**REPOS DU MOELLEUX** : 20 min environ

- 200 g de chocolat noir amer à 70 % de cacao
- 200 g de beurre + pour le moule
- 200 g de sucre en poudre
- 6 jaunes d'œuf
- 10 g de fécule de maïs
- 6 blancs d'œuf
- farine pour le moule
- sucre glace pour le décor

Préchauffez le four à 160 °C (therm. 5-6).

Hachez le chocolat, puis mettez-le à fondre au bain-marie avec le beurre. Dans une jatte, fouettez vivement la moitié du sucre en poudre avec les jaunes d'œuf, jusqu'à ce que le mélange blanchisse, puis incorporez la fécule de maïs. Dans une autre jatte, montez les blancs en neige en incorporant le reste du sucre en poudre, puis serrez-les bien.

Versez le chocolat fondu sur les jaunes d'œuf blanchis, fouettez bien, puis incorporez délicatement les blancs en neige.

Beurrez et farinez un moule à manqué, puis versez-y la pâte. Enfournez et laissez cuire de 35 à 40 minutes, jusqu'à ce qu'une pointe de couteau piquée à cœur ressorte propre et chaude.

Laissez le moelleux refroidir environ 20 minutes, puis démoulez-le délicatement et saupoudrez-le de sucre glace.

> Truc de chef

Serrer les blancs montés en neige consiste à finir de les fouetter par un mouvement circulaire et rapide du fouet afin de les rendre très fermes et homogènes.

> Suggestion du chef

Au goûter, servez le moelleux au chocolat encore tiède avec une tasse de bon chocolat chaud.

*Ce grand classique de la cuisine française figure à la carte de La Régalade toute l'année.*

# Soufflés chauds Grand Marnier®

**POUR 6 PERSONNES**
**PRÉPARATION** : 20 min
**CUISSON** : de 20 à 25 min environ

- 12 cl de liqueur Grand Marnier®
- 25 cl de lait
- 120 g de sucre en poudre
- 6 jaunes d'œuf
- 30 g de farine
- 15 g de fécule de maïs
- 6 blancs d'œuf
- sucre glace pour le décor

**Pour beurrer les moules**
- 50 g de beurre
- 100 g de sucre en poudre

Préchauffez le four à 190 °C (therm. 6-7).

Dans une casserole sur feu moyen, portez le lait à ébullition. Dans une jatte, fouettez vivement 70 g de sucre en poudre avec les jaunes d'œuf jusqu'à ce que le mélange blanchisse, puis incorporez la farine et la fécule de maïs. Versez le lait chaud sur les jaunes blanchis, fouettez bien, puis remettez à cuire 3 ou 4 minutes sans cesser de remuer. Versez la crème pâtissière obtenue dans une jatte.

Beurrez les moules à soufflé. Faites fondre le beurre doucement, puis, à l'aide d'un pinceau, badigeonnez-en les parois et le fond des moules. Versez le sucre en poudre et faites tourner les moules sur eux-mêmes pour qu'il adhère bien, puis jetez-en l'excédent.

Dans une jatte, montez les blancs en neige avec le reste de sucre en poudre et serrez-les. Dans une casserole sur feu vif, faites chauffer la crème pâtissière avec la liqueur Grand Marnier®, jusqu'à ce que le mélange soit lisse et très chaud. Ajoutez un quart des blancs en neige, fouettez bien, puis incorporez très délicatement le reste à la spatule, jusqu'à ce que le mélange soit bien ferme et homogène.

Versez la pâte dans les moules, lissez à la spatule, puis enfournez et faite cuire 7 ou 8 minutes, jusqu'à ce que les soufflés soient dorés et montés jusqu'à 5 cm environ au-dessus du bord.

Sortez les soufflés à la liqueur Grand Marnier® du four, saupoudrez-les de sucre glace et dégustez-les aussitôt.

> **Conseil pratique**
Beurrez et sucrez bien les moules, car de cette opération dépendra la réussite des soufflés.

*J'aime faire ce dessert à la maison, au retour du marché, avec des fruits rouges et bien mûrs. Si vous souhaitez le préparer à l'avance, ajoutez 2 feuilles de gélatine à la crème pâtissière pour une meilleure tenue.*

# Mille-feuille comme à la maison

**POUR 8 PERSONNES**
**PRÉPARATION :** 20 min
**CUISSON :** 10 min environ
pour la crème pâtissière
+ 25 min environ
pour le feuilletage
**RÉFRIGÉRATION :** au moins 2 h

- 3 bandes de pâte feuilletée de 25 cm x 10 cm et de 3 mm d'épaisseur (commandée au boulanger ou prête à dérouler)
- 120 g de sucre glace
- 250 g de fraises
- 125 g de framboises

### Pour la crème pâtissière
- 1 gousse de vanille
- 50 cl de lait
- 100 g de sucre en poudre
- 3 œufs entiers
- 3 jaunes d'œuf
- 50 g de farine
- 15 g de fécule de maïs
- 25 cl de crème liquide

Préchauffez le four à 180 °C (therm. 6).

Préparez la crème pâtissière. Fendez la gousse de vanille, grattez-en les graines, puis mettez-la dans une casserole avec le lait et portez à ébullition. Dans une jatte, fouettez vivement le sucre en poudre avec les œufs et les jaunes, jusqu'à ce que le mélange blanchisse, puis incorporez la farine et la fécule de maïs. Versez le lait chaud sur le mélange et remettez à cuire 3 ou 4 minutes dans la casserole en fouettant énergiquement pour qu'il n'accroche pas. Versez la crème pâtissière dans une jatte, couvrez-la d'un film alimentaire placé directement au contact et laissez refroidir au réfrigérateur.

Disposez les bandes de pâte feuilletée sur une plaque à four, enfournez et laissez dorer 20 minutes en les aplatissant 1 ou 2 fois pour qu'elles ne gonflent pas trop. Sortez la plaque du four, retirez 2 des 3 bandes, saupoudrez le feuilletage restant de sucre glace et passez-le sous le gril jusqu'à ce que le sucre caramélise.

Fouettez la crème liquide. Sortez la crème pâtissière du réfrigérateur, travaillez-la très énergiquement au fouet pour qu'elle soit bien lisse, puis incorporez-y la crème fouettée.

Lavez les fraises, puis coupez-les en deux. Sur un plan de travail, déposez une bande de feuilletage. À l'aide d'une spatule, recouvrez-la de crème pâtissière, puis disposez harmonieusement la moitié des framboises et des fraises. Ajoutez un peu de crème, puis posez la deuxième bande de feuilletage. Pressez légèrement, puis recouvrez-la de la même manière de crème et de fruits. Terminez par la bande de feuilletage caramélisée. Lissez bien les côtés à l'aide d'une spatule, puis placez le mille-feuille au réfrigérateur au moins 2 heures.

Au moment de servir, décorez le mille-feuille maison de quelques fruits et coupez-le en parts à l'aide d'un couteau-scie.

> **Conseil pratique**
Pour un feuilletage plus caramélisé, repassez-le sous le gril du four une seconde fois.

*Ce gâteau aux pommes et aux poires est très bon, mais il est encore meilleur quelques minutes à peine après sa sortie du four. Toutefois, s'il en restait, ne le conservez pas au réfrigérateur.*

# Gâteau de la maman de Camille

**POUR 6 À 8 PERSONNES**
**PRÉPARATION :** 20 min
**CUISSON :** de 45 à 50 min environ
**REPOS DU GÂTEAU :** 20 min environ

- 4 pommes goldens
- 4 poires bien mûres
- 290 g de beurre + pour le moule
- 350 g de sucre en poudre
- 250 g de farine
- 4 œufs

Préchauffez le four à 180 °C (therm. 6).

Épluchez les pommes et les poires, puis coupez-les en huit. Dans une poêle antiadhésive, faites fondre 40 g de beurre, puis mettez les quartiers de pomme et de poire à caraméliser, sans trop les colorer, avec 100 g de sucre en poudre.

Beurrez un moule à gâteau d'environ 4 cm de hauteur, puis versez-y les fruits en les nappant bien de caramel.

Faites fondre le reste de beurre au bain-marie. Dans une jatte, mélangez le reste de sucre, la farine et le beurre fondu, puis ajoutez les œufs et fouettez bien le tout pour obtenir une pâte lisse. Versez-la sur les fruits caramélisés, enfournez et laissez cuire de 25 à 30 minutes, jusqu'à ce que le gâteau soit légèrement doré et qu'une pointe de couteau plantée à cœur ressorte propre et chaude.

Sortez le gâteau aux pommes et aux poires du four, laissez-le refroidir environ 20 minutes, puis démoulez-le délicatement. Dégustez-le au petit déjeuner ou bien au goûter.

*Quand j'étais enfant, j'adorais ce gâteau simple que ma mère me préparait. Je commençais toujours par manger le tour croustillant, puis je savourais le cœur, moelleux à souhait.*

# Gâteau au vin blanc de ma maman

**POUR 8 PERSONNES**
**PRÉPARATION :** 10 min
**CUISSON :** de 35 à 40 min
**REPOS DU GÂTEAU :** 20 min environ

- 300 g de farine + pour le moule
- 10 g de levure chimique
- 300 g de sucre en poudre
- 3 œufs
- 20 cl d'huile d'arachide
- 25 cl de vin blanc
- beurre pour le moule

Préchauffez le four à 180 °C (therm. 6).

Dans une jatte, mélangez la farine, la levure, le sucre en poudre et les œufs à l'aide d'une spatule. Incorporez l'huile et le vin blanc, puis mélangez bien le tout au fouet pour obtenir une pâte lisse.

Beurrez et farinez un moule à cake, puis versez-y la pâte. Enfournez et laissez cuire de 35 à 40 minutes, jusqu'à ce que le gâteau s'ouvre sur le dessus et qu'une pointe de couteau plantée à cœur ressorte propre et chaude.

Sortez le gâteau au vin blanc du four, laissez-le refroidir environ 20 minutes, puis démoulez-le. Dégustez-le nature au petit déjeuner ou au goûter.

*Malgré la quantité de beurre demi-sel utilisée pour la réaliser, cette tarte aux pommes reste très légère avec sa pâte croustillante et ses pommes parfaitement fondantes.*

# Tarte fine aux pommes caramélisées et au beurre demi-sel

**POUR 8 PERSONNES**
**PRÉPARATION** : 25 min
**CUISSON** : de 1 h à 1 h 10
**REPOS DE LA TARTE** : 20 min environ

- 1 bande de pâte feuilletée de 25 cm x 20 cm et de 3 mm d'épaisseur (commandée au boulanger ou prête à dérouler)
- 15 très belles pommes goldens ou Royal Gala
- 150 g de beurre frais demi-sel
- 150 g de sucre glace

Préchauffez le four à 180 °C (therm. 6).

Déposez la bande de pâte feuilletée sur une plaque à four. À l'aide d'un petit couteau, pratiquez de petites incisions tous les 3 ou 4 mm sur les 4 côtés de la pâte. Enfournez et laissez la pâte dorer 15 minutes en l'aplatissant 1 ou 2 fois pour qu'elle ne gonfle pas trop. Sortez-la du four.

Épluchez les pommes, coupez-les en deux, retirez les pépins, puis coupez-les en fines tranches de 3 ou 4 mm d'épaisseur. Mettez le beurre à fondre doucement dans une casserole.

Appuyez légèrement sur le fond de tarte doré, puis disposez délicatement les tranches de pomme en quinconce. À l'aide d'un pinceau, badigeonnez-les de beurre fondu, puis saupoudrez-les de sucre glace. Enfournez et laissez cuire environ 10 minutes pour commencer la cuisson des pommes. Sortez la tarte du four, badigeonnez-la à nouveau de beurre, puis enfournez et faites cuire 10 minutes. Renouvelez l'opération encore 2 ou 3 fois, jusqu'à ce que les pommes soient translucides, fondantes et caramélisées.

Sortez la tarte aux pommes du four, laissez-la refroidir environ 20 minutes sur une grille, puis coupez-la en parts et servez.

> Conseil pratique
Si les bords de la tarte sont trop colorés, coupez-les.

> Suggestion du chef
Servez cette tarte aux pommes caramélisées accompagnée d'une bonne glace à la vanille.

*Ce dessert spectaculaire est en fait très facile à réaliser. Entre tarte aux fruits rouges et mille-feuille, il est aussi bon que léger.*

# Vol-au-vent de fruits rouges

**POUR 4 PERSONNES**
**PRÉPARATION** : 25 min
**REPOS DE LA PÂTE** : 20 min
**CUISSON** : 20 min

- 2 disques de pâte feuilletée de 20 cm de diamètre et de 3 mm d'épaisseur (commandée au boulanger ou prête à dérouler)
- 60 g de sucre glace
- 250 g de fraises gariguettes
- 250 g de framboises
- 125 g de mûres
- 125 g de groseilles
- 1 gousse de vanille
- 25 cl de crème liquide
- 100 g de sucre en poudre

Sur le plan de travail, déposez un disque de pâte feuilletée, placez une assiette ou un cercle à pâtisserie de 16 cm de diamètre en son centre, puis découpez-en le contour, à l'aide d'un couteau pointu, pour obtenir une bandelette de 2 cm de large. Déposez le second disque de pâte feuilletée sur une plaque à four, humectez-en les bords à l'aide d'un pinceau, puis déposez le cercle de pâte découpé pour former le fond du vol-au-vent. À l'aide du couteau, pratiquez de petites incisions tous les 3 ou 4 mm sur le contour du montage. Placez la plaque au réfrigérateur 20 minutes. Réservez le petit disque de pâte prélevé à un autre usage.

Préchauffez le four à 180 °C (therm. 6).

Sortez la pâte du réfrigérateur, enfournez et laissez cuire 15 minutes. Sortez-la du four, saupoudrez-la de 40 g de sucre glace, puis enfournez à nouveau et faites-la légèrement dorer 5 minutes sous le gril. Sortez le feuilletage du four.

Lavez tous les fruits rouges, puis équeutez et coupez les fraises en quatre. Égrenez les groseilles. Fendez la gousse de vanille et grattez-en les graines dans un bol.

Dans une jatte, fouettez la crème liquide, puis ajoutez la moitié des framboises et des fraises, le sucre en poudre et les graines de vanille. Mélangez avec une spatule en écrasant les framboises pour que la crème prenne une jolie couleur rose.

À l'aide d'un couteau, découpez et prélevez un disque de 18 cm de diamètre environ au centre du feuilletage, en conservant un fond de pâte suffisant pour y déposer la crème et les fruits. Si nécessaire, retirez du disque la partie de pâte qui ne serait pas assez cuite.

À l'aide d'une cuillère à soupe, étalez la crème dans le fond de pâte, recouvrez harmonieusement de fruits rouges, saupoudrez du reste de sucre glace et disposez le chapeau de feuilletage. Ornez-le de quelques fruits rouges et dégustez aussitôt.

> Trucs de chef
Pratiquer des incisions sur les contours du montage de pâte feuilletée évite à la bande rapportée de se décoller au cours de la cuisson.

Placer la pâte feuilletée au réfrigérateur avant de la cuire lui permet de se reposer et de mieux se développer une fois dans le four.

> Suggestion du chef
Accompagnez ce vol-au-vent d'une coupe de champagne bien frais.

RÉGALADE ENTRE AMIS • 147

*Voici un dessert de fin d'été ou d'automne que j'apprécie tout particulièrement. Pour une association figues-noix parfumée, choisissez les figues de Solliès bien mûres qui ont ce goût unique de la Provence.*

# Tarte aux figues et aux noix

**POUR 6 PERSONNES**
**PRÉPARATION** : 20 min
**CUISSON** : de 35 à 40 min

- 1 pâte feuilletée de 20 cm de côté et de 3 mm d'épaisseur (commandée au boulanger ou prête à dérouler)
- 4 bandelettes de pâte feuilletée de 20 cm x 1 cm et de 3 mm d'épaisseur
- 90 g de sucre glace
- 80 g de cassonade
- 70 g d'amandes en poudre
- 15 très belles figues de Solliès (ou de Provence)
- 150 g de cerneaux de noix

Préchauffez le four à 180 °C (therm. 6).

Abaissez, puis déposez la pâte feuilletée sur une plaque à four. À l'aide d'un pinceau, humectez-en les bords, puis déposez les bandelettes de pâte pour former les contours du fond de tarte. À l'aide d'un couteau pointu, pratiquez de petites incisions tous les 3 ou 4 mm sur les rebords de la pâte. Enfournez et faites cuire à blanc environ 10 minutes. Sortez le feuilletage du four, saupoudrez-le de 60 g de sucre glace, puis enfournez à nouveau et faites-le dorer légèrement 5 minutes sous le gril.

Sortez le feuilletage du four. Dans une jatte, mélangez la cassonade et les amandes en poudre, puis étalez le tout sur la pâte dorée.

Lavez et coupez les figues en deux ou en quatre, puis disposez-les harmonieusement sur le fond de pâte. Concassez légèrement les cerneaux de noix, puis enrobez-les du reste de sucre glace. Retirez-en l'excédent en passant les noix entre vos doigts, puis répartissez-les sur les figues. Enfournez et laissez cuire de 20 à 25 minutes.

Sortez la tarte aux figues et aux noix du four et laissez-la refroidir avant de la déguster.

> Trucs de chef

Pratiquer des incisions sur les contours du montage de pâte feuilletée évite à la bande rapportée de se décoller au cours de la cuisson.

Le mélange de cassonade et d'amandes en poudre absorbera tout le jus des figues pendant la cuisson de la tarte et évitera à la pâte d'être détrempée.

*Certes, la tarte Tatin est un dessert ultraclassique. Pourtant elle revêt, à mes yeux, un caractère exceptionnel depuis que la femme qui partage ma vie me l'a préparée... Son autre originalité réside dans son épaisse couche de pommes caramélisées.*

# Tarte Tatin de Maryon

**POUR 6 PERSONNES**
**PRÉPARATION** : 30 min
**REPOS DES POMMES CARAMÉLISÉES** : 30 min
**CUISSON** : 50 min environ
**REPOS DE LA TARTE** : 10 min environ

- 1 pâte brisée de 30 cm de diamètre et de 3 mm d'épaisseur (commandée au boulanger ou prête à dérouler)
- 150 g de sucre en poudre
- 60 g de beurre frais
- 10 à 12 belles pommes goldens ou Royal Gala

Dans une sauteuse allant au four ou un moule à bords hauts de 8 à 10 cm environ, versez le sucre en poudre et le fond d'un verre d'eau. Mélangez et portez à ébullition sur feu vif, puis baissez à feu moyen et laissez cuire 8 minutes jusqu'à obtenir un caramel brun doré. Retirez aussitôt du feu et incorporez le beurre coupé en dés.

Épluchez, évidez et coupez les pommes en quatre. Gardez une demi-pomme qui servira de cœur pour la tarte, déposez-la au centre de la sauteuse, côté bombé sur le caramel, puis disposez harmonieusement les quartiers de pomme tout autour. Au besoin, comblez les vides entre les morceaux de pomme avec des quartiers plus petits. Renouvelez l'agencement des fruits en étage, jusqu'à atteindre le haut de la sauteuse.

Remettez la sauteuse garnie sur feu doux et laissez cuire 20 minutes, jusqu'à ce que le sirop des fruits ait épaissi et réduit de moitié. Retirez la sauteuse du feu et laissez refroidir environ 30 minutes.

Préchauffez le four à 190 °C (therm. 6-7).

Déposez la pâte brisée sur les pommes. Pliez les bords, rentrez-les entre la sauteuse et les fruits, puis enfournez et laissez cuire 20 minutes jusqu'à ce que la pâte soit bien dorée.

Sortez la tarte Tatin du four et laissez-la légèrement refroidir. Démoulez-la délicatement en déposant un plat de service sur la pâte dorée, puis en retournant le tout d'un geste sec. Servez immédiatement.

> Conseils pratiques
Selon vos envies, choisissez des Royal Gala pour leur acidité ou des goldens pour leur douceur.

Soignez bien la disposition de la première couche de pomme, car c'est cette corolle de fruits qui apparaîtra au démoulage.

> Suggestion du chef
La tatin de Maryon est aussi délicieuse tiède en fin de repas que froide le lendemain au petit déjeuner.

*La spécificité de ma tarte aux abricots, c'est que je fais cuire les fruits à la poêle plutôt qu'au four, ce qui les rend moins acides. Mais ne les sucrez pas trop, car ils perdraient tout leur intérêt.*

# Ma tarte aux abricots

**POUR 6 PERSONNES**
**PRÉPARATION :** 15 min
**CUISSON :** 1 h environ
**REPOS DE LA TARTE :** 20 min environ

- 1 pâte feuilletée de 25 cm x 10 cm et de 3 mm d'épaisseur (commandée au boulanger ou prête à dérouler)
- 2 bandes de pâte feuilletée de 25 cm x 1 cm et de 3 mm d'épaisseur
- 2 bandes de pâte feuilletée de 10 cm x 1 cm et de 3 mm d'épaisseur
- 130 g de sucre glace
- 15 très beaux abricots assez mûrs
- 40 g de beurre frais
- 80 g de cassonade
- 30 g d'amandes effilées
- 40 g de pistaches entières

Préchauffez le four à 180 °C (therm. 6).

Déposez la pâte feuilletée sur une plaque à four. À l'aide d'un pinceau, humectez-en les bords, puis déposez les bandelettes pour former les contours du fond de tarte. À l'aide d'un couteau pointu, pratiquez de petites incisions tous les 3 ou 4 mm sur les bords rapportés. Enfournez et laissez la pâte dorer 15 minutes en l'aplatissant 1 ou 2 fois pour qu'elle ne gonfle pas trop. Sortez-la du four, saupoudrez-la de 60 g de sucre glace, puis enfournez à nouveau et faites dorer 5 minutes jusqu'à ce que le sucre soit fondu et perlé. Sortez le feuilletage du four.

Lavez et coupez les abricots en deux, puis dénoyautez-les. Dans une poêle antiadhésive, faites fondre le beurre, puis versez la cassonade et faites-la fondre 6 ou 7 minutes environ. Ajoutez les abricots côté coupe sur le sucre et laissez-les cuire et dorer tout doucement jusqu'à ce qu'ils soient fondants tout en restant entiers. Retournez-les et faites dorer l'autre face. Retirez les abricots de la poêle et déposez-les sur une feuille de papier sulfurisé.

Dans la poêle, faites dorer les amandes effilées avec 30 g de sucre glace. Sortez-les de la poêle, puis procédez de la même manière avec les pistaches.

Appuyez légèrement sur le fond de tarte, puis disposez harmonieusement les abricots en quinconce. Enfournez et faites cuire environ 10 minutes.

Sortez la tarte aux abricots du four et laissez-la refroidir sur une grille. Parsemez-la de pistaches et d'amandes caramélisées, saupoudrez-la du reste de sucre glace et dégustez.

> Trucs de chef
**Pratiquer des incisions sur les contours du montage de pâte feuilletée évite à la bande rapportée de se décoller au cours de la cuisson.**

*Ce clafoutis aux prunes est la recette d'une de mes amies et c'est un véritable délice. Quand elle en prépare un et que des gourmands comme nous tombent dessus, avec leur cuillère à la main, il n'y en a jamais assez.*

# Clafoutis aux prunes de Maria

**POUR 6 PERSONNES**
**PRÉPARATION :** 15 min
**CUISSON :** de 25 à 30 min

- 800 g de prunes violettes bien mûres
- 80 g de farine
- 120 g de sucre en poudre
- 3 œufs
- 160 g de crème fraîche épaisse
- 50 g de beurre
- 60 g de sucre glace

Préchauffez le four à 180 °C (therm. 6).

Dans une jatte, mélangez la farine, le sucre en poudre, les œufs et la crème fraîche jusqu'à obtenir une pâte lisse.

Lavez et coupez les prunes en deux, puis dénoyautez-les. Tapissez-en le fond d'un moule à manqué, côté coupe sur le moule, puis versez la pâte sur les fruits.

Enfournez et faites cuire 15 minutes. Sortez le clafoutis du four, parsemez-le de noisettes de beurre et saupoudrez-le de sucre glace, puis enfournez à nouveau et laissez dorer de 10 à 15 minutes.

Sortez le clafoutis du four et dégustez-le légèrement tiède.

*Ce qui est bon dans ce crumble, c'est que les fruits, enrobés de caramel, restent bien en morceaux.*

# Crumble aux pommes reines des reinettes et aux poires

**POUR 4 PERSONNES**
**PRÉPARATION :** 15 min
**CUISSON :** de 25 à 30 min

- 3 pommes reines des reinettes
- 3 poires williams
- 80 g de beurre
- 80 g de sucre en poudre
- 2 pincées de cannelle en poudre (facultatif)

**Pour la pâte à crumble**
- 90 g de beurre
- 100 g de farine
- 100 g d'amandes en poudre
- 100 g de cassonade
- 50 g de sucre glace

Épluchez les pommes et les poires, puis coupez-les en cubes de 2 cm de côté.

Dans un sautoir sur feu vif, faites chauffer le beurre jusqu'à ce qu'il soit noisette, puis ajoutez le sucre et faites colorer jusqu'à obtention d'un caramel blond.

Jetez les cubes de pomme et de poire dans le sautoir et poêlez vivement 10 minutes pour les cuire et les enrober de caramel tout en les gardant bien en morceaux. Saupoudrez éventuellement de cannelle.

Préchauffez le four à 180 °C (therm. 6).

Préparez la pâte à crumble. Dans une casserole, faites fondre doucement le beurre. Dans une jatte, mélangez les autres ingrédients, puis versez le beurre juste fondu et travaillez le mélange à la main jusqu'à obtenir une pâte sableuse.

Dans un plat à four, mettez les morceaux de pomme et de poire cuits. Recouvrez de pâte à crumble en l'émiettant bien, puis enfournez et laissez cuire de 15 à 20 minutes.

Sortez le crumble aux pommes et aux poires doré du four et dégustez-le tiède.

> **Truc de chef**
Le beurre est « noisette » lorsqu'il est fondu, chaud et cuit.

*Les madeleines de La Régalade sont faites deux fois par jour, pour le déjeuner et pour le dîner. À la fin du repas, il reste toujours une petite place pour accompagner son café d'une dernière douceur...*

# Panier de madeleines de La Régalade

**POUR 36 MADELEINES**
**PRÉPARATION :** 10 min
**REPOS DE LA PÂTE :** 6 h
**CUISSON :** 15 min

- 800 g de beurre
- 10 œufs
- 500 g de sucre en poudre
- 800 g de farine
- 55 g de levure
- 25 cl de lait
- 120 g de miel

Dans une casserole à feu moyen, faites chauffer le beurre jusqu'à ce qu'il soit noisette, puis passez-le au chinois et laissez-le refroidir à température ambiante.

Dans une jatte, mélangez les œufs avec le sucre jusqu'à ce que le mélange blanchisse, puis incorporez la farine et la levure. Dans une casserole, faites chauffer le lait avec le miel jusqu'à ce qu'il soit fondu, puis versez le tout sur les œufs blanchis. Mélangez bien, puis incorporez le beurre refroidi. Laissez reposer la pâte environ 6 heures au frais.

Préchauffez le four à 200 °C (therm. 6-7).

Beurrez, puis farinez les moules à madeleine. À l'aide d'une cuillère ou d'une poche à douille, remplissez-les aux trois quarts, puis enfournez et laissez cuire de 6 à 8 minutes.

Sortez les madeleines dorées du four, démoulez-les, puis laissez-les refroidir.

> **Truc de chef**
Le beurre est « noisette » lorsqu'il est fondu, chaud et cuit.

> **Suggestion du chef**
Savourez ces madeleines accompagnées d'un vrai moka éthiopien.

## Remerciements

« Réaliser ce livre a été une aventure riche de rencontres et de moments forts, de doutes et de remises en question. Elle n'aurait pas pu être possible sans la collaboration étroite d'une équipe animée par la même envie.

Je tiens donc à remercier mes collaborateurs pour leur patience, leur enthousiasme et pour leur travail quotidien à mes côtés, qui font que *La Régalade* continue d'exister et de perdurer dans la lignée de son créateur Yves Camdeborde, Pierre-Olivier Lenormand, mon bras droit depuis la reprise de *La Régalade* en avril 2004, Julien Barbet, ce provincial arrivé à Paris par la petite porte, Rémy Danthez, ce jeune cuisinier volontaire et passionné, Valentin Jenty, ce jeune garçon de la Nièvre, Angélina Boulay, ma responsable de salle qui règne sur *La Régalade* comme une véritable maîtresse de maison, et Laetitia Tirlet pour son travail quotidien et sa patience lors des séances photos.

Je tiens aussi à remercier l'équipe éditoriale des Éditions Larousse et, tout particulièrement, Marion Pipart pour l'écriture et la relecture des recettes et Emmanuel Chaspoul pour la création graphique et la maquette.

Et merci à David Japy, ce photographe appliqué, avec qui je partage la même passion des bons produits et la même gourmandise.

Enfin, je tiens à rendre hommage aux chefs qui m'ont enseigné ce métier passionnant qu'est la cuisine : monsieur Charles Barrier à Tours, pour sa rigueur et sa passion, messieurs André Lenormand, Guy Krenzer, Gabriel Biscay et Pierre Gagnaire. Merci, enfin, à monsieur Jean-Pierre Vigato qui m'a transmis la passion du métier de restaurateur, qui m'a permis de voyager à travers le monde à ses côtés et qui m'a surtout fait comprendre que l'on n'avait pas forcément besoin d'étoiles pour être un homme heureux.

Pour finir, je souhaite remercier tout ceux qui m'entourent aujourd'hui, amis et clients, professionnels ou particuliers, mes parents, tout ceux qui ont cru en moi depuis mon plus jeune âge jusqu'à aujourd'hui, de mes débuts à la reprise de *La Régalade*. »

**Recettes et textes** : Bruno Doucet,
La Régalade, 49, avenue Jean-Moulin 75014 Paris
**Photographies** : David Japy

**Direction éditoriale** : Véronique de Finance-Cordonnier
**Édition** : Marion Pipart
**Direction artistique** : Emmanuel Chaspoul, assisté de Cynthia Savage et de Martine Debrais
**Mise en page** : couleurrouge.com
**Couverture** : Véronique Laporte
**Lecture-Correction** : Chantal Pagès, assistée de Madeleine Biaujeaud
**Fabrication** : Annie Botrel

Kiri® est une marque de Fromageries Bel.
Grand Marnier® est une marque déposée de la Société des Produits Marnier-Lapostolle.

© Larousse 2008
ISBN 978-2-03-584132-2

Toute reproduction ou représentation intégrale ou partielle, par quelque procédé que ce soit, du texte et/ou de la nomenclature contenus dans le présent ouvrage, et qui sont la propriété de l'Éditeur, est strictement interdite.
« Pour les Éditions Larousse, le principe est d'utiliser des papiers composés de fibres naturelles, renouvelables, recyclables et fabriquées à partir de bois issus de forêts qui adoptent un système d'aménagement durable. En outre, les Éditions Larousse attendent de leurs fournisseurs de papier qu'ils s'inscrivent dans une démarche de certification environnementale reconnue. »

Photogravure Turquoise, Emerainville
Imprimé en Espagne par Graficas Estella, Estella
Dépôt légal : octobre 2008
301966/02-11009788 septembre 2009